IA GENERATIVA REVELADA

CRIE, INOVE, PROSPERE

ALEX SERPA

IA GENERATIVA REVELADA

CRIE, INOVE, PROSPERE

ALEX SERPA

2ª edição
2025

Projeto gráfico e design da capa: Maria Inês Lage Vieira

Diagramação: Rodrigo Ponciano

Prefácio: Rafael Jabur Bittar

Vice-Presidente Executivo Técnico da Vale S.A.

Consultoria técnica em IA: Alexandre Pigatti

Head de Inteligência Artificial e Democratização de Dados na Vale S.A.

Ilustrações: Geradas com princípios de Inteligência Artificial atemporais

Dados Internacionais de Catalogação na Publicação (CIP)

Serpa, Alex
IA generativa revelada: crie, inove, prospere / Alex Serpa. -- 2. ed.-- Nova Lima, MG : Edição da autora, 2025.
190 p.

ISBN: 978-65-01-82049-1

1. Ciência da computação. 2. Inteligência artificial. 3. Empreendedorismo digital. 4. Inovação e tecnologia. I. Título.

CDD-006.3

Sueli Costa - Bibliotecária - CRB-8/5213
(SC Assessoria Editorial, SP, Brasil)

Índices para catálogo sistemático:

1. Inteligência artificial 006.3

Segunda Edição - Novembro de 2025

Impresso no Brasil

Especificações técnicas:

Papel do miolo: Polen Natural 80g/m²

Papel da capa: Cartão Triplex 250g/m²

Publicação original: Outubro de 2025 em Português.

Para meu filho Francisco e para a geração que molda o amanhã: que este livro ilumine seus caminhos com curiosidade, inovação e coragem, recordando que o futuro se constrói a cada ideia ousada e ação responsável.

"Qualquer tecnologia suficientemente avançada é indistinguível de magia"
– Arthur C. Clarke '
Profiles of the Future', 1973

"Qualquer tecnologia suficientemente avançada é indistinguível de magia"

– Arthur C. Clarke '

Profiles of the Future', 1973

Notas Importantes Sobre Este Livro

Querido leitor, antes de mergulharmos nesta jornada transformadora, permita-me compartilhar algumas notas essenciais para alinhar expectativas e inspirar uma leitura generosa. Este livro é um guia inspirador, destinado a iniciantes curiosos e profissionais buscando aplicações práticas – sem demandar expertise técnica profunda. Meu objetivo é acender sua criatividade e ação, transformando a IA generativa em uma ferramenta acessível para prosperidade ética, como uma faísca que ilumina caminhos inexplorados.

Foco Prático e Inspirador: Os exercícios e prompts são "pegue e faça", ancorados em exemplos reais de 2024-2025, para você aplicar imediatamente. Não é um manual avançado de programação, mas uma ponte para inovar no dia a dia – adapte ao seu contexto, pois a IA evolui da noite para o dia.

Interprete com Generosidade: Exemplos são hipotéticos ou baseados em casos globais para motivar; verifique fontes atualizadas (ex.: tendências de 2025 podem mudar). Use com mente aberta, como um convite à experimentação responsável.

Ética e Limitações: Não sou responsável por resultados de monetização, aplicações reais ou variações em cenários específicos – resultados variam; consulte especialistas para implementações complexas e leis locais (ex.: AI Act da UE ou PL brasileiro de IA). Priorize ética: transparência, inclusão e verificação de vieses.

Leia como um aliado para seu crescimento. Se algo ressoar, teste; se não, refine. Juntos, transcendemos limitações – seu legado impulsionado por IA começa aqui.

Com gratidão e entusiasmo,

Alex Serpa

SUMÁRIO

Prefácio

Vivemos em um momento em que a inteligência artificial generativa deixou de ser uma tendência distante para se tornar uma aliada prática e acessível no cotidiano. *IA Generativa Revelada: Crie, Inove, Prospere* é um guia essencial para quem deseja acelerar suas atividades diárias, transformar rotinas e ampliar horizontes com o apoio da IA.A autora, com sua visão global inspirada em experiências e viagens pelo mundo, conduz o leitor por uma narrativa versátil e envolvente. Cada capítulo é permeado por ideias originais e exemplos reais, que mostram como a IA pode ser aplicada de forma concreta para otimizar tarefas, criar conteúdos e inovar em diferentes áreas. Os destaques, *chamados de "uau", revelam insights surpreendentes e práticos, tornando a leitura dinâmica e motivadora.*

O grande diferencial deste livro está nos exercícios propostos, que convidam o leitor a experimentar a IA generativa em texto, imagens, áudio e vídeo. Ao colocar a mão na massa, é possível entender na prática como essas ferramentas funcionam e como podem ser integradas ao dia a dia para gerar valor imediato.

Outro ponto fundamental é o cuidado ético presente em toda a obra. As dicas sobre *disclosure* e transparência são oportunas e necessárias, especialmente em um cenário onde o uso responsável da IA é indispensável para evitar riscos legais e garantir confiança. O livro oferece um *overview* abrangente e atualizado, cobrindo desde os fundamentos até as tendências mais recentes, sempre com foco na aplicação ética e segura da tecnologia.

Mais do que um manual técnico, este é um convite à experimentação consciente. Ao longo das páginas, o leitor é incentivado a explorar, criar e inovar, com o suporte de uma curadoria cuidadosa de ferramentas, estratégias e reflexões éticas. O futuro da IA generativa está ao alcance de todos — e este livro mostra, de forma clara e prática, como prosperar nesse novo cenário, transformando desafios em oportunidades globais.

Rafael Jabur Bittar

Vice-Presidente Executivo e Diretor Técnico da VALE

Introdução

Acendendo Sua Jornada com IA Generativa

Imagine uma encruzilhada na carreira, onde tarefas rotineiras consomem energia e limitam a criatividade. Foi nesse ponto que me encontrava há alguns anos, aspirando a criar narrativas impactantes e empreendimentos escaláveis, como escritora e empreendedora cosmopolita. O tempo, porém, era um obstáculo constante.

Tudo mudou ao descobrir a IA generativa: um prompt simples – "Ajude-me a esboçar um plano de negócios para um serviço de conteúdo inovador" – gerou não apenas uma lista, mas um plano-mestre, enriquecido com perspectivas globais, como integrações culturais derivadas de dados diversos. Esse momento marcou uma virada: de uma criadora sobrecarregada para uma inovadora revitalizada, com ideias fluindo mais rapidamente e protótipos surgindo em poucas horas.

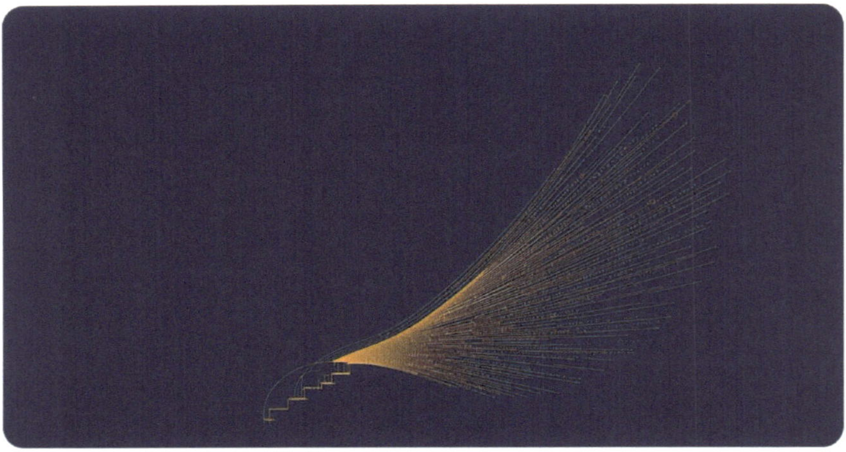

Ilustração Conceitual – Prompt (Versão Enxuta)
Perfil humano estilizado em linhas douradas sobre fundo azul profundo, com asas digitais ascendentes formadas por código binário. No centro, uma espiral dourada evolui para escada, simbolizando progresso e transcendência. Estilo minimalista, vetorial, flat design, traços precisos, amplo espaço negativo. Paleta: azul profundo (#0a192f) e dourado (#ffd700). Imagem criada com IA no Canva. Iterações necessárias.

Inspirada em memórias de viagens por estruturas antigas na Grécia, que me recordam legados duradouros, vi na IA uma ferramenta para transcender limitações e construir prosperidade sustentável.

Este livro, *IA Generativa Revelada: Crie, Inove, Prospere,* é o guia para essa transformação. Seu propósito é equipá-lo com conhecimento prático, habilidades e estratégias para explorar a IA generativa como força de crescimento pessoal e profissional.

Seja você um iniciante curioso pelos conceitos básicos ou um profissional experiente em busca de aplicações avançadas, desmistificamos a tecnologia, demonstramos usos em campos variados e delineamos caminhos éticos de monetização. Incorporamos perspectivas globais, ancoradas em estudos de caso internacionais e em ferramentas acessíveis de 2024-2025, para que você não apenas compreenda a IA, mas a aplique na construção de fluxos de renda, na ampliação da criatividade e na navegação de desafios regulatórios.

Cada capítulo integra narrativas de pensadores influentes – de Ian Goodfellow em mecanismos profundos a Nick Bostrom em superinteligência ética –, conectando teoria a ação.

O diferencial reside nos fatores "uau": insights reveladores que a IA desvela, como ecos criativos ocultos em padrões de dados globais. Cada seção combina explicações claras com prática: exemplos reais de setores diversos (por exemplo, um educador brasileiro adaptando lições personalizadas para impacto global), prompts prontos para experimentação imediata, exercícios para desenvolvimento de habilidades e checklists para implementação.

Para explorações profundas, busque caixas com dicas avançadas, tabelas-resumo e links para recursos. Imagine concluir um capítulo com um prompt que gera sua primeira ideia de negócio assistida por IA – essa é a empolgação prática que propomos.

Nas páginas seguintes, examinamos fundamentos, aplicações em escrita, produtividade, educação, saúde, negócios, direito e setor público, estratégias de monetização com casos de sucesso comprovados, carreiras diferenciadas e considerações éticas para o futuro. Não é exagero: trata-se de medidas acionáveis para prosperar. Vamos iniciar. Seu legado impulsionado por IA começa agora.

1

O Que Significa Ser Criativo na Era das Máquinas Inteligentes

Imagine-se acordando às 2:25 da manhã, não em um laboratório reluzente em Boston ou em um workshop vibrante com artistas em São Paulo, mas em sua própria casa no Brasil, ao lado de dois Jack Russells agitados que latem baixinho como se compartilhassem seus pensamentos noturnos.

É ali, na quietude da mesa de trabalho, que as ideias brotam – não de viagens recentes pelo globo, mas de memórias vivas de aventuras passadas: o sol escaldante da Grécia, as praias exóticas da Tailândia, as luzes neon de Dubai, ou as montanhas nevadas da Suíça.

Há cinco anos, desafios pessoais me mantiveram ancorada aqui, sem cruzar fronteiras, e isso traz uma pontada de tristeza. No entanto, é exatamente nessa limitação que descubro uma nova fronteira: a da inteligência artificial generativa.

Com ferramentas simples, converto comandos iniciais em relatos vívidos, recriando experiências inspiradas nessas viagens antigas e explorando virtualmente o mundo todo. Isso me faz questionar, como Max Tegmark em *Life 3.0: Being Human in the Age of Artificial Intelligence:*

Se as máquinas podem criar, o que isso revela sobre nossa própria essência criativa?

Essa pergunta ressoa profundamente, refletindo as reflexões de Tegmark sobre como a IA não é apenas uma ferramenta, mas um espelho para a humanidade, desafiando-nos a redefinir o que significa ser inteligente e criativo em um mundo onde algoritmos podem sonhar.

Tegmark nos convida a imaginar futuros onde a IA amplifica nossas capacidades, mas também nos alerta para os riscos de perdermos o que nos torna únicos se não a guiarmos com sabedoria.

Este capítulo estabelece as bases, definindo a IA generativa em termos claros, distinguindo-a de outras formas de inteligência artificial e explorando sua relevância profunda para a vida, o trabalho e a sociedade.

Mescláremos explicações diretas com aplicações imediatas, convidando você a experimentar desde já. Ao final, compreenderá não apenas o que ela é, mas como pode se tornar uma ferramenta para criação, inovação e prosperidade – preparando o terreno para a jornada prática que o espera.

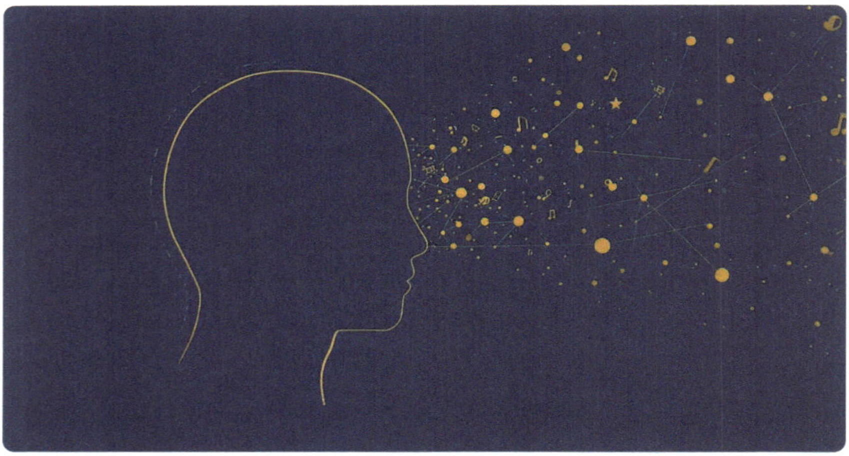

Ilustração Conceitual – Prompt (Versão Enxuta)
Silhueta Humana e Cosmos Digital. Perfil humano em linhas douradas sobre fundo azul profundo, com o cérebro transformando-se em uma rede neural estilizada que se expande para formar um cosmos digital. Pequenos elementos orbitam à direita da cabeça, sugerindo conexão e infinitude. Imagem criada com IA no Canva. Iterações necessárias.

Definindo IA Generativa: A Essência de uma Tecnologia que Cria Mundos

Pense na IA generativa como um explorador cósmico: ela parte de imensos reservatórios de informações – textos, imagens, sons coletados de todo o planeta – e os transforma em algo novo, original e imprevisível.

Instituições globais, como a Organização para Cooperação e Desenvolvimento Econômico (OCDE) e o Instituto Nacional de Padrões e Tecnologia (NIST) em seus relatórios de 2024, enfatizam que ela emula estruturas de dados para gerar conteúdo sintético – de poemas a designs inovadores –, transcendendo a mera replicação para abraçar uma verdadeira capacidade de invenção. Ao mesmo tempo, destacam a importância de sistemas que produzem saídas variadas a partir de treinamentos extensos, alertando para a gestão criteriosa de vieses e privacidade, como se estivéssemos cartografando um novo universo guiado por coordenadas éticas inabaláveis.

Imagine fornecer um ponto de partida – uma frase como "Crie uma visão do futuro sustentável" – e ver emergir não só texto, mas imagens, músicas ou até simulações interativas. Diferente de ferramentas que buscam ou analisam o existente, a generativa inventa, construindo probabilidades em narrativas coesas.

Essa habilidade vem de aprendizado em acervos mundiais, como bibliotecas digitais que capturam a diversidade humana. Mas aqui surge uma pergunta profunda, no espírito de *Life 3.0:*

Quando *algoritmos forjam o inédito, o que isso ilumina sobre o cerne de nossa inventividade humana?*

O insight inesperado? Ela revela ecos ocultos nos dados – conexões culturais ou científicas que ampliam nossa visão de mundo, transformando o ato de criar em uma colaboração entre humano e máquina.

Generativa vs. Discriminativa – Uma Comparação Cósmica

- **IA Generativa:** Cria novo conteúdo, como uma estrela nascendo de uma nebulosa de dados (ex.: uma imagem de um dragão voando sobre uma cidade futurista a partir de um prompt de texto). Foco em invenção e síntese. Exemplos: ChatGPT para textos, DALL-E para imagens.
- **IA Discriminativa:** Classifica ou prevê, como um astrônomo mapeando constelações existentes (ex.: identificar spam em e-mails). Foco em análise e decisão.
- **Por Que a Diferença Importa:** A generativa expande os horizontes da inovação, mas exige mais vigilância ética, como evitar viés em criações. Fonte: OCDE e NIST (2024).

Essa distinção nos leva a questionar:

Num cosmos povoado por criadores artificiais, como preservamos a expansão - em vez da contração - da pluralidade humana?

Distinguindo IA Generativa de Outras Formas de IA

Nem toda IA é uma estrela criadora; muitas são meros observadores. A IA tradicional, ou "discriminativa", foca em rotular e prever – pense em um vigia que decifra padrões em vastos arquipélagos de informações, como recomendar filmes ou detectar fraudes. Ela é precisa em decisões baseadas no passado, mas não inventa futuros.

A generativa, por outro lado, constrói constelações novas, usando probabilidades para gerar o inédito, como uma sinfonia a partir de notas dispersas. Os modelos subjacentes diferem: enquanto alguns seguem regras fixas, a generativa emprega redes flexíveis que "aprendem" a improvisar.

Globalmente, isso se manifesta em usos variados – empresas japonesas a aplicam em designs inovadores, enquanto startups quenianas simulam cenários agrícolas (FAO, 2024).

A pergunta de Tegmark ecoa: se a IA pode originar, como isso redefine nossa identidade?

> O insight? Não é substituição, mas ampliação – revelando possibilidades que enriquecem a engenhosidade humana, convidando-nos a um cosmos de colaboração.

Por Que a IA Generativa Importa: Impactos em Nossa Jornada Humana

A IA generativa importa porque redefine como exploramos o universo da criação e conexão. Em 2025, com modelos como Grok 4, o uso diário cresceu cerca de 20% globalmente, incluindo no Brasil via aplicativos como X.

Segundo a McKinsey (2024), 65% das organizações usam IA Generativa regularmente, com potencial econômico de US$ 2,6 a 4,4 trilhões anuais. No cotidiano, ela acelera tarefas: mais da metade dos americanos já a usou, e 82% acreditam que ela os tornará mais criativos (Adobe, 2024).

Um estudante indiano pode gerar resumos personalizados, liberando tempo para descobertas profundas (Pew Research Center, 2025). Iniciativas como o Hub de IA da USP ampliam acesso no Brasil, democratizando ferramentas para inovação local e global.

Nos negócios, um empreendedor europeu acelera ideias de produtos. Na saúde americana, simula descobertas de medicamentos (Drug Discovery World, 2024). Na educação brasileira, iniciativas como o Plano Nacional de Educação Digital criam planos adaptados (MEC, 2024).

Mas o que isso significa para a humanidade? Como em *Life 3.0,* ela nos força a perguntar: como usamos essa ferramenta para um futuro próspero?

> **O fator "uau" é seu efeito cascata: universaliza a inventividade, nivela campos e gera renda, como con-**

sultorias em IA. Eticamente, convida a usar dados justos, garantindo benefícios globais (UNESCO, 2024).

Aprenda Fazendo: Experimente com Mecanismos Principais

> Nota: Destinado a iniciantes curiosos e profissionais sem expertise técnica – interprete com generosidade, adaptando ao seu contexto; verifique ferramentas para atualizações.

Vamos transformar curiosidade em exploração. Use uma ferramenta gratuita como ChatGPT (chat.openai.com) ou Gemini (gemini.google.com).

Prompt Pronto para Experimentar:

"Gere uma história curta sobre um inventor em uma cidade agitada que descobre um talento oculto através de uma colaboração inesperada. Mantenha abaixo de 300 palavras e adicione elementos surpreendentes."

Passos Detalhados (Como Fazer):

1. Acesse o site da ferramenta (ex.: chat.openai.com), crie uma conta gratuita se necessário (clique em 'Sign Up' e siga as instruções).
2. Cole o prompt na caixa de texto e pressione Enter para gerar a saída.
3. Leia o resultado e note um elemento "uau" (ex.: uma reviravolta imprevista na trama).
4. Modifique: Adicione seu próprio detalhe, como "Ambiente em Tóquio para um toque global", e gere novamente.
5. Reflita: Como isso ampliou suas ideias? Registre uma maneira de aplicá-lo em seu trabalho (por exemplo, gerando ideias de

blog para um negócio paralelo), garantindo ética como *disclosure* se compartilhar (fonte: OpenAI Guidelines, 2025).

Isso constrói confiança. Profissionais podem ajustar para vocabulários setoriais e integrar aos fluxos de trabalho para monetização, como gerar conteúdo personalizado para consultorias.

Dicas: Iniciando Com IA Generativa

1. Escolha uma ferramenta (ex.: DALL-E para imagens).
2. Experimente um prompt diariamente.
3. Registre saídas em um caderno para padrões.
4. Explore diretrizes éticas (consulte UNESCO, 2024, para recursos gratuitos).
5. Compartilhe sua criação em uma comunidade online para feedback.

Exemplo da Vida Real: Um Estudo de Caso Global

Considere Maria, uma designer gráfica no México. Lutando com demandas de clientes, ela recorreu a ferramentas de IA generativa como Midjourney para criar conceitos iniciais. Ao inserir descrições como “Logotipo vibrante para uma marca de café sustentável, combinando padrões astecas com minimalismo moderno”, ela produziu opções em segundos.

Isso não apenas economizou tempo, mas abriu caminhos para monetização – vendendo *templates* personalizados online. Sua história, inspirada em relatórios como a análise de tendências criativas da Adobe em 2023 e estudos de caso como o da aPriori (redução de 87% no tempo de design), mostra como a IA generativa transforma restrições em oportunidades em todo o mundo (Adobe, 2024; aPriori Case Study, 2024).

Recurso Acionável: Mergulhe Mais Fundo. Visite huggingface.co para modelos gratuitos. Acesse uma biblioteca de *templates* de prompts. Junte-se a comunidades como r/Generative no Reddit para discussões globais.

Ao encerrarmos este capítulo, lembre-se: A IA generativa não é uma força distante – é um amplificador de ideias pronto para você. Nós a definimos, a diferenciamos e vimos sua importância através de exemplos e prática.

No próximo capítulo exploraremos os mecanismos centrais que a impulsionam, construindo sobre essa base para desvendar como a IA redefine nossa criatividade humana.

Tabela: Principais Lições do Capítulo 1

Conceito	Descrição	Por Que Importa	Dica Prática
Definição	Sistemas que criam novos conteúdos a partir de padrões.	Possibilita a produção original.	Experimente um prompt básico.
Distinção	Origina vs. analisa.	Aumenta a criatividade humana.	Compare ferramentas.
Impactos	Remodela a vida, o trabalho, a sociedade.	Democratiza habilidades globalmente.	Use para uma tarefa diária.

2

Mecanismos Principais: Os Motores por Trás da IA Generativa

No capítulo 1, definimos a IA generativa e sua importância. Agora vamos além da superficie para entender o que a faz funcionar.

Em minha própria jornada como entusiasta da IA, lembro-me de me maravilhar ao ver como esses mecanismos transformam dados brutos em criações inovadoras – não por mágica, mas por uma engenharia precisa e elegante, baseada em princípios de aprendizado profundo inspirados no funcionamento das redes neurais biológicas do cérebro humano.

Fundamentado nas contribuições do livro *Deep Learning,* de Ian Goodfellow, Yoshua Bengio e Aaron Courville, este capítulo explora os mecanismos principais — os motores subjacentes que permitem à IA gerar conteúdo original.

Usaremos analogias simples para desmistificar conceitos complexos, estruturados em camadas para todos os níveis: fundamentos para iniciantes, seguidos de dicas para especialistas. Ao longo do caminho, vincularemos essas ideias a usos no mundo real, incluindo dicas iniciais de monetização, e convidaremos você à exploração prática.

O fator "uau"? Esses mecanismos não são apenas códigos frios. Eles tecem padrões probabilísticos, conectando dados globais para gerar resultados que surpreendem até seus criadores, revelando conexões inesperadas que impulsionam inovação e prosperidade sustentável.

Ilustração Conceitual – Prompt (Versão Enxuta)
Rede neural minimalista futurista em fundo azul profundo (#0a192f), com fluxo elegante de sinapses digitais douradas. Nós geométricos conectados por linhas fluidas que se transformam em padrões abstratos de dados. Estilo vetorial profissional, clean, traços precisos, amplo espaço negativo. Paleta: azul profundo e dourado. Imagem feita com IA no canva. Imagem criada com IA no Canva. Iterações necessárias.

Os Blocos de Construção: Redes Neurais como Fundação

A IA generativa inicia com redes neurais, estruturas computacionais inspiradas na conectividade do cérebro humano, mas otimizadas para processamento de dados em escala.

Como explicado em *Deep Learning*, uma rede neural consiste em camadas de unidades (neurônios artificiais) que recebem entradas, aplicam pesos e funções de ativação, e produzem saídas. O treinamento ocorre via retropropagação, ajustando pesos para minimizar uma função de perda – um processo que permite à rede aprender representações hierárquicas de dados.

Para iniciantes, imagine uma rede como uma linha de montagem: dados de entrada (como pixels de imagens ou tokens de texto) fluem pelas camadas, sendo transformados em padrões cada vez mais abstratos.

Treinadas em conjuntos massivos – bilhões de exemplos de fontes globais — essas redes capturam distribuições probabilísticas, permitindo a geração de novo conteúdo.

Globalmente, isso impulsiona ferramentas em cenários variados, desde polos tecnológicos asiáticos refinando modelos de linguagem até iniciativas africanas criando conteúdo educacional.

> Um insight inesperado: ao otimizar gradientes durante o treinamento, as redes frequentemente descobrem representações latentes que revelam padrões sutis, como nuances culturais em estilos artísticos, transformando dados em uma fonte de inovação ética e inclusiva.

Do Laboratório ao Mercado – Exemplos Globais de Redes Neurais em Ação

- Canadá: A startup WOMBO usa redes neurais para o app Dream, gerando imagens artísticas a partir de prompts, demonstrando como o treinamento em dados visuais acelera a criatividade (WOMBO, 2024).
- Japão: O Nikkei aplica redes para resumos e edição de conteúdo jornalístico, otimizando fluxos editoriais com precisão cultural (INMA, 2024).
- Brasil: O Nubank integra redes neurais para busca empresarial interna, recuperando políticas e FAQs rapidamente, impulsionando eficiência operacional (OpenAI, 2024; Nubank, 2024).

Principais Tipos de Modelos: GANs, Transformers e Modelos de Difusão

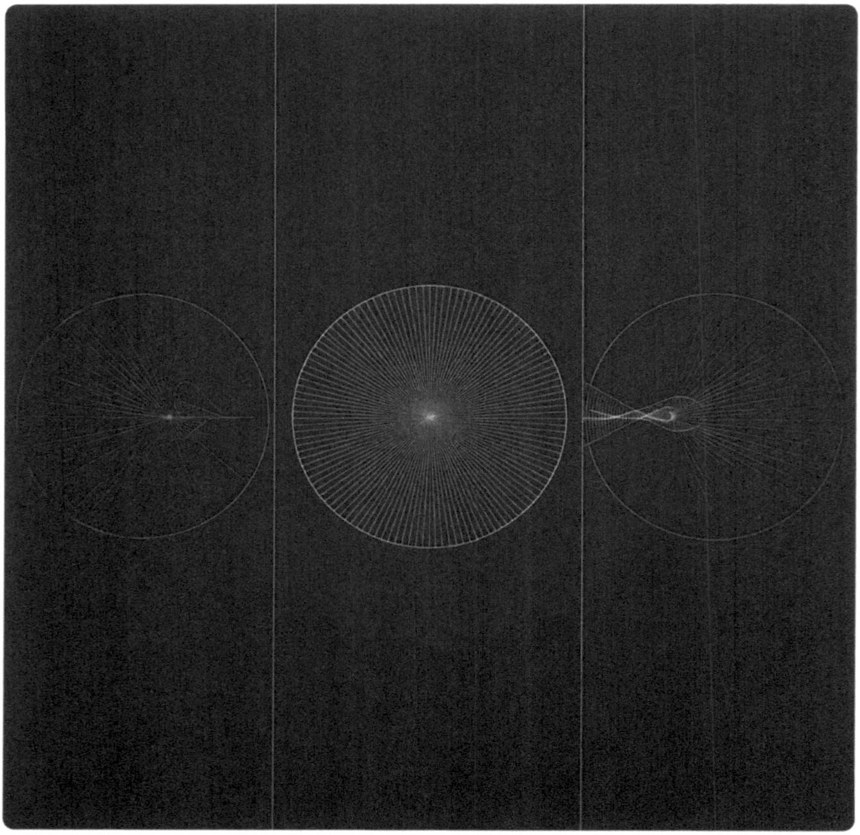

Ilustração Conceitual – Prompt (Versão Enxuta)
Tríptico minimalista com três sistemas circulares interconectados por linhas douradas sobre fundo azul profundo (#0a192f). Círculo esquerdo: dualidade GAN; círculo central: padrões de atenção do Transformer; círculo direito: processo de difusão. Estilo geométrico abstrato, clean, vetorial, espaço negativo amplo. Paleta: azul profundo e dourado. Imagem criada com IA no Canva. Iterações necessárias.

Vários tipos de modelos impulsionam a IA generativa, cada um construído sobre redes neurais com inovações específicas. Focaremos em três pilares, explicados com rigor acessível, vinculados ao valor prático.

GANs - Generative Adversarial Networks (Redes Generativas Adversariais)

Introduzidas por Ian Goodfellow em 2014, as GANs funcionam como um jogo de forças baseado no princípio minimax: a geradora produz amostras enquanto a discriminadora avalia sua autenticidade. Durante o treinamento, essas redes entram em um duelo estratégico, ajustando parâmetros a cada rodada até que as criações se tornem quase indistinguíveis da realidade.

Usadas para imagens sintéticas (útil para apps como arte em Midjourney), as GANs habilitam monetização, como no caso de designers que vendem ativos aprimorados por IA.

Para iniciantes, pense como um jogo de gato e rato que inova; profissionais podem aplicar em previsão de dados.

> **Fator "uau": o equilíbrio adversarial não é apenas técnico — ele imita a crítica criativa humana, produzindo resultados que parecem autênticos.**

Nota técnica: embora poderosas, as GANs apresentam desafios como instabilidade no treinamento e colapso de modo, exigindo ajustes cuidadosos para manter diversidade e qualidade.

No Brasil, empresas de varejo exploram soluções baseadas em IA otimizando a experiência do consumidor (Seeking Alpha, 2024).

Transformers (Modelos Transformadores)

Desenvolvidos em 2017 pela equipe do Google, os transformers revolucionaram o processamento de linguagem natural ao introduzir mecanismos de atenção escalável, capazes de analisar sequências em paralelo e atribuir pesos de relevância entre elementos. Essa abordagem elimina a dependência de redes recorrentes e captura relações de longo alcance com eficiência.

Imagine um leitor que destaca conexões-chave em um texto para prever o próximo parágrafo: essa é a essência do transformer. Essa arquitetura sustenta ferramentas como GPT, que hoje geram textos, traduzem idiomas e alimentam assistentes virtuais.

> Fator "uau": os transformers transformam complexidade em fluidez, permitindo que máquinas compreendam contexto com precisão quase humana, e façam isso em escala global.
>
> Profissionais: para negócios, isso significa personalização em massa e redução de custos computacionais. Ideal para modelos que exigem automação, como redação personalizada. Além disso, o uso de *positional encoding* garante que a ordem das palavras seja preservada, mesmo sem redes recorrentes.

Exemplo global: a Shopify usa transformers no Magic/Sidekick para descrições de produtos, estratégia replicada em mercados emergentes como o indiano no setor de e-commerce (Shopify, 2024).

Diffusion Models (Modelos de Difusão)

Surgidos por volta de 2020, esses modelos seguem um princípio elegante: adicionam ruído gaussiano aos dados e aprendem a revertê-lo gradualmente, reconstruindo a informação original passo a passo. É como restaurar uma imagem borrada até que ela revele sua forma nítida.

Essa técnica sustenta ferramentas como o Stable Diffusion, capazes de gerar visuais de alta qualidade para protótipos criativos.

Além disso, os modelos de difusão são mais estáveis que as GANs e oferecem maior diversidade de amostras, tornando-se padrão para geração de imagens.

> **Fator "uau": os modelos de difusão transformam aleatoriedade em estrutura, imitando processos esto-**

cásticos da natureza para criar imagens que parecem obra de um artista.

No Brasil, o iFood já integra ferramentas como Amazon Bedrock para agentes conversacionais, acelerando inovações em atendimento (AWS, 2024).

Dicas para profissionais: Explore o espaço latente desses modelos para manipulação semântica avançada. Use plataformas como Hugging Face para ajuste fino, priorizando diversidade de dados para mitigar vieses, conforme diretrizes da ANPD (2024).

Como Esses Mecanismos Funcionam na Prática

Todos esses modelos compartilham um fluxo essencial: os dados são tokenizados, processados em camadas, ponderados probabilisticamente e transformados em saídas coerentes. No caso dos transformers, por exemplo, cada token é analisado em relação aos demais, calculando atenção para prever a sequência seguinte. Esse processo, embora técnico, tem implicações éticas profundas: a qualidade e diversidade dos dados determinam se os resultados serão inclusivos ou enviesados. Por isso, órgãos como a ANPD reforçam a importância da governança e da conformidade com a LGPD no Brasil (ANPD, 2024).

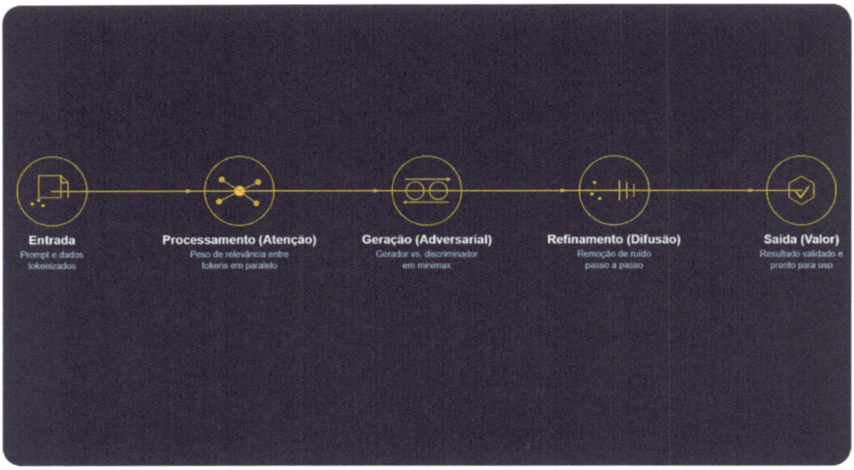

Ilustração Conceitual – Prompt (Versão Enxuta)
Infográfico sequencial minimalista e profissional do mecanismo de IA generativa, do prompt de entrada à saída refinada, em painéis limpos e alinhados. Destaque visual para a rivalidade GAN (gerador vs. discriminador), a atenção do Transformer mapeando tokens e a remoção de ruído por difusão até convergência. Estilo educacional vetorial, hierarquia clara, ícones discretos, grelha 16:9, linhas douradas sobre fundo azul profundo (#0a192f), tipografia legível, espaço negativo amplo, acabamento premium. "Imagem criada com IA no Canva. Iterações necessárias."

Aprenda Fazendo: Experimente com Mecanismos Principais

Nota: Para público amplo – inicie com básico; interprete com generosidade, testando em ferramentas atualizadas para *compliance*.

Use Stable Diffusion (gratuito via huggingface.co) para testar modelos de difusão ou ChatGPT para transformers.

Prompt pronto para experimentar: "Usando uma abordagem de difusão, gere uma imagem de uma paisagem urbana futurista que combine elementos de Tóquio e Nairóbi, enfatizando arquitetura sustentável." (Se preferir texto, use um transformer.)

Passos Detalhados (Como Fazer):

1. Acesse huggingface.co (para Stable Diffusion) ou chat.openai.com (para transformers), crie conta gratuita se necessário (siga prompts de registro).
2. Insira o prompt na interface (ex.: na caixa de texto do modelo) e clique em 'Gerar' para observar a saída.
3. Identifique o mecanismo (ex.: como o ruído se refina em difusão, ou atenção em transformers – fonte: Hugging Face Docs, 2025).
4. Itere: Altere um elemento (ex.: adicione 'com painéis solares') e compare resultados.
5. Aplique: Brainstorm monetização (ex.: designs personalizados para clientes), com rotulagem ética para proveniência (use C2PA se submeter a plataformas como Adobe Stock). Reflita sobre padrões tecidos.

Checklist: Explorando Mecanismos de IA

- Selecione um modelo (ex.: GAN via demos).
- Execute geração básica.
- Note ética (ex.: dados conforme ANPD, 2024).
- Adapte para projeto pessoal.
- Consulte artigo verificável.

Exemplo da Vida Real: Um Estudo de Caso Global

A Shopify é um caso emblemático: com o Shopify Magic e o Sidekick, a empresa integrou IA generativa baseada em transformers para gerar descrições de produtos e automatizar fluxos de conteúdos. Além disso, oferece recursos visuais otimizados por IA, aproximando-se de técnicas avançadas, embora não haja confirmação pública de uso de modelos específicos. Essa abordagem, replicada por empresas indianas como a Tenovia, mostra como a integração de modelos generativos desbloqueia inovação ética e escalável (Shopify, acesso em 09/2025).

Recurso Prático: Desenvolva Suas Habilidades

arxiv.org é uma fonte legítima para artigos científicos sobre IA generativa. Stack Overflow traz discussões técnicas e, recentemente lançou OverflowAI, integrando IA generativa à sua plataforma.

Com esses mecanismos esclarecidos, prepare-se para a evolução histórica no Capítulo 3, conectando inovações passadas às ferramentas de hoje.

Tabela: Principais Lições do Capítulo 2

Mecanismo	Como Funciona	Exemplo de Uso	Insight Uau
Redes Neurais	Aprendem padrões de dados como conexões cerebrais.	Treinamento para geração de imagens (ex.: Nubank para busca interna).	Descobre nuances globais ignoradas.
GANs	Rivalidade entre gerador e discriminador.	Criação de arte realista (ex.: Magazine Luiza para sumarização).	Espelha a tensão criativa humana.
Transformers	Atenção para sequências.	Descrições de produtos (ex.: Shopify).	Escala eficientemente para negócios.
Difusão	Remove ruído gradualmente.	Geração de imagens (ex.: iFood para agentes).	Transforma caos em ordem criativa.

3

Caminho Histórico Até Hoje: A Evolução

Os mecanismos que exploramos no Capítulo 2 não surgiram do nada; são o resultado de décadas de curiosidade humana e colaboração global. Como alguém que acompanhou essas transformações, sempre me fascinou como ideias iniciais, nascidas em laboratórios modestos, se tornaram ferramentas que hoje impulsionam inovações cotidianas. Inspirado em Pamela McCorduck em *Machines Who Think,* que entrelaça história, filosofia e prospectiva sobre a IA, convidando-nos a refletir sobre como as máquinas que pensam revelam aspectos profundos de nós mesmos – este capítulo traça essa jornada histórica da IA generativa, desde as sementes plantadas em meados do século 20 até as aplicações acessíveis de 2025. Estruturamos em camadas acessíveis: etapas principais para iniciantes, com dicas sobre figuras-chave para quem deseja profundidade. Conectando a princípios atemporais como o progresso colaborativo e a ética inclusiva, veremos como a história não só explica o presente, mas inspira aplicações monetizáveis e responsáveis.

> **O "uau"? É uma cadeia de inovação em cascata – cada avanço se soma ao próximo, transformando conceitos abstratos em amplificadores de criação e prosperidade, com ondulações que ecoam em 2025 através de governança global e tecnologias emergentes.**

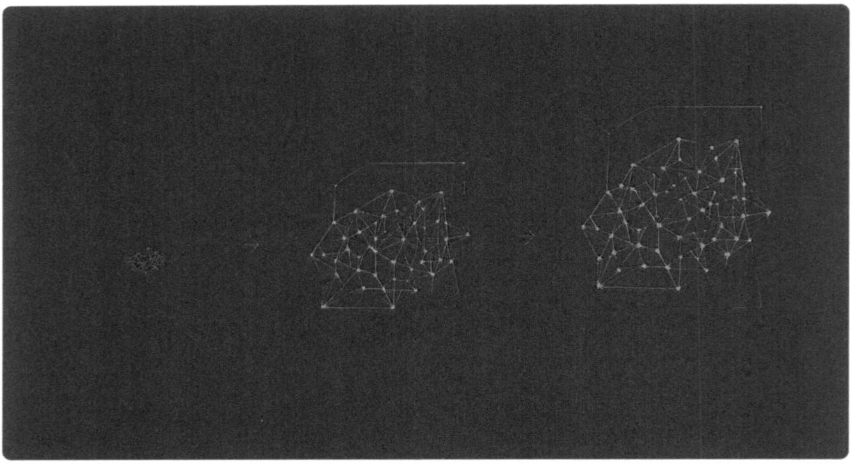

Ilustração Conceitual – Prompt (Versão Enxuta)
Design geométrico minimalista em fundo azul-escuro com linhas douradas fluidas, mostrando três estágios de crescimento conectados da esquerda para a direita: padrão pequeno e simples, estrutura em expansão interconectada e rede completa madura. Estilo clean, vetorial, ritmo visual progressivo, proporções equilibradas, espaço negativo generoso e assinatura premium. "Imagem criada com IA no Canva. Iterações necessárias."

Fundamentos Iniciais: Décadas de 1950-1970 – Sementes de Possibilidade

As raízes da IA generativa remontam à década de 1950, quando pioneiros como Alan Turing questionavam se máquinas poderiam pensar de forma criativa, não apenas lógica. Em 1950, Turing propôs o "jogo da imitação" (mais tarde popularizado como Teste de Turing): se, via conversa, uma máquina se torna indistinguível de um humano, passamos a tratar seus comportamentos como inteligentes — um marco que ainda inspira debates éticos sobre IA "humana demais". Os primeiros experimentos focaram no reconhecimento de padrões, com programas simples gerando poesia a partir de regras pré-definidas. Na década de 1960, emergiram as redes neurais, imitando estruturas cerebrais para "aprender" a partir de dados – limitadas pelo poder computacional da época, mas visionárias em seu potencial.

Globalmente, essa era viu investimentos nos EUA (como pesquisas financiadas pela DARPA) e na Europa (exposições e laboratórios no Reino

Unido explorando arte gerada por máquinas) – destacando sua adaptabilidade em contextos variados. Para iniciantes, pense nisso como plantar sementes em solo fértil: o crescimento dependia de solo nutritivo, que viria com avanços tecnológicos posteriores. O insight inesperado? Mesmo nessa fase inicial, visionários anteviam aplicações monetizáveis, como design automatizado apoiando indústrias – um princípio que persiste hoje, ecoando as inquirições de McCorduck sobre o futuro da IA como extensão da mente humana.

> Dica para profissionais: Mergulhe nas reflexões de Alan Turing em seu paper de 1950, "Computing Machinery and Intelligence", que inspirou debates éticos persistentes. Considere como esses fundamentos influenciam padrões modernos, como o AI Act da UE (2024), que classifica sistemas por risco que busca promover a confiança sem sufocar inovação.

Ilustração Conceitual – Prompt (Versão Enxuta)
Timeline hexagonal de geometria sagrada com três hexágonos perfeitamente espaçados e conectados por linhas douradas fluídas com setas; textos integrados sem sobreposição e título incorporado "EVOLUÇÃO DA IA GENERATIVA". O primeiro representa os fundamentos (1950–1970: padrões simples, algoritmos básicos, círculos concêntricos), o segundo retrata redes neurais (1980–2000: complexidade média, padrões interconectados, aprendizado de máquina, rede neural simples) e o terceiro simboliza a IA generativa (2010–presente: máxima complexidade, padrões avançados, criatividade artificial, rede multicamadas). Estilo minimalista ultra-clean, vector art premium, layout 16:9 (1365×768px), background navy profundo #0B1E3A, acentos dourados #D4AF37 e legibilidade de alto nível. "Imagem criada com IA no Canva. Iterações necessárias."

Décadas de Inovação: Décadas de 1980 a 2000 – Criando *Momentum*

A década de 1980 marcou a ascensão dos "sistemas especialistas", que geravam saídas inteligentes a partir de vastas bases de conhecimento codificadas por humanos, simulando expertise em domínios específicos como medicina ou finanças. No entanto, a verdadeira generatividade — aquela capacidade de criar algo novo e imprevisível — só ganhou tração na década de 1990, com o florescimento do aprendizado de máquina. Aqui, algoritmos começaram a aprender padrões diretamente dos dados, em vez de dependerem apenas de regras pré-definidas. Um marco pivotal foi o advento do aprendizado profundo, no qual redes neurais artificiais, empilhadas em camadas profundas, desvendavam complexidades antes inatingíveis, como reconhecimento de imagens ou processamento de linguagem natural. Paralelamente, o poder computacional sofreu uma explosão graças às GPUs, originalmente concebidas para renderizar gráficos em jogos, mas que se revelaram ideais para treinar modelos em conjuntos de dados massivos e diversificados. Internacionalmente, laboratórios de robótica no Japão impulsionaram inovações em automação, enquanto colaborações como o CERN na Europa fomentaram trocas técnicas que transcendiam fronteiras, estabelecendo as bases para ferramentas colaborativas globais que moldariam o futuro da IA.

> Fator "uau": Esse período desvendou a profundidade alquímica da IA — como incrementos modestos em dados e computação podiam se metamorfosear em capacidades exponenciais. Pense nos primeiros geradores de texto, que evoluíram de experimentos acadêmicos para plataformas monetizáveis, hoje adotadas por escritores em todo o mundo para cocriar narrativas.

Refletindo sobre isso, percebo como esses avanços pavimentaram o terreno para a eficiência contemporânea, onde algoritmos de 2024 otimizam a inferência com acelerações de até 2x em GPUs (como no FlashAttention-3, lançado em julho de 2024), drasticamente reduzindo custos e viabilizando aplicações reais em escala global.

E veja só: essa herança histórica se manifesta hoje na capacidade da IA de programar por si só, especialmente em modelos de linguagem avançados como GPT, Codex (que alimenta ferramentas como o GitHub Copilot), Gemini e seus sucessores. Imagine um desenvolvedor descrevendo em linguagem natural: 'Crie uma função em Python que calcule juros compostos com opções para taxas variáveis.' Em instantes, a IA não só gera o código completo, mas o explica passo a passo, corrige bugs potenciais, sugere otimizações para eficiência, traduz o script para outra linguagem como JavaScript, cria testes automatizados para validar resultados, produz documentação clara e até esboça interfaces gráficas integradas. Em ambientes colaborativos como o GitHub Copilot, a IA atua como um parceiro em tempo real, antecipando linhas de código enquanto o humano digita, transformando a programação de uma tarefa solitária em uma sinfonia homem-máquina.

No entanto, é crucial reconhecer limitações: modelos generativos ainda podem 'alucinar' soluções incorretas em cenários complexos ou sensíveis a contextos, exigindo sempre supervisão humana para garantir precisão e segurança — um lembrete de que a IA amplifica, mas não substitui, a expertise humana.

Dica para profissionais: Mergulhe no trabalho pioneiro de Yann LeCun sobre redes convolucionais, que revolucionaram os padrões generativos em visão computacional e além. Integre esses conceitos com *frameworks* atuais, como o NIST Generative AI Profile (NIST AI 600-1, lançado em julho de 2024), para realizar avaliações rigorosas de riscos em sistemas de aprendizado profundo, garantindo que suas inovações sejam não só poderosas, mas *éticas e seguras.*

Ilustração Conceitual – Prompt (Versão Enxuta) Visualização abstrata de cascata tecnológica em cinco níveis interconectados, fluindo verticalmente de cima para baixo com complexidade progressiva. Fundo azulmarinho profundo (#0a192f); linhas e nós em dourado elegante (#D4AF37) formando geometria sagrada e padrões inspirados em placas de circuito. Ritmo de queda contínua com conectores fluidos, setas discretas e variação sutil de espessura para indicar direção e intensidade do fluxo. Estilo arte vetorial premium, minimalista moderno, precisão técnica, grid modular, alinhamento perfeito e espaço negativo generoso. Padrões matemáticos visíveis de forma sutil; acabamento editorial de alto padrão. Modelo/estilo: Flux 1.1 [pro]. Imagem feita com IA no genspark.ai. Iterações necessárias

A Explosão Moderna: Década de 2010 até 2025 – Dos Laboratórios ao Uso Cotidiano

A década de 2010 marcou uma explosão impulsionada por big data e computação em nuvem. Marcos incluem GANs em 2014 (Ian Goodfellow), transformers em 2017 (Vaswani et al., Google) e modelos de difusão (OpenAI e outros, a partir de 2020). De 2022 a 2023, ferramentas como ChatGPT e DALL-E democratizaram o acesso, com impactos econômicos estimados em US$ 2,6-4,4 trilhões anuais, segundo relatório da McKinsey (2024).

Em 2024-2025, a cascata acelerou com vídeo generativo (ex.: Sora da OpenAI, Veo do Google DeepMind, Runway Gen-3), multimodalidade (GPT-4o com latência de áudio de 232 ms) e ganhos de eficiência (NVIDIA Blackwell para *workloads* de IA). Globalmente, adoção varia: na China, medidas interinas de 2023 evoluíram para regras de rotulagem em 2025; no Brasil, o PL 2338/2023 (aprovado no Senado em dezembro de 2024) alinha princípios éticos com a LGPD. Na Índia, a IndiaAI Mission (2024) financia infraestrutura para inclusão; na Nigéria, a Estratégia Nacional de IA (rascunho 2024) prioriza capacitação ética. Em Singapura, a estratégia NAIS 2.0 (2023) evoluiu em 2024 com Pair e AIBots, reforçando governança pública com salvaguardas éticas, gerando exportações monetizáveis para Ásia e África.

> Princípio Atemporal: Cada salto técnico na IA nos convida a uma escolha civilizacional luminosa — uma decisão coletiva que molda um futuro de equidade e inovação compartilhada. A IA amplifica o melhor de nós, corrigindo vieses históricos e elevando bilhões por meio de governança ética, como o AI Act da UE e a IndiaAI Mission. Com acesso universal como arquitetura fundamental, transformamos riscos em renascimentos globais.
>
> O insight luminoso: Inclusão não é bondade, mas combustível para a evolução da espécie, gerando prosperidade exponencial. O "uau" verdadeiro? Elevamos a IA ao Renascimento 2.0, onde todos co-criam, desbloqueando abundância para gerações vindouras.

Por Que a História Importa: Lições para Hoje e Amanhã

Entender esse caminho nos prepara para inovar com responsabilidade. Mostra a IA como colaborativa – o código aberto (ex.: Hugging Face desde 2016) acelerou o progresso, agora impulsionado por *open-weights* como Llama 3.1 (2024). Para monetização, a história destaca oportunidades: adotantes iniciais transformaram GANs em negócios, como licenciamento de conteúdo (ex.: acordos com Financial Times e Reddit em 2024). A lição surpreendente? A história é um loop: limitações passadas inspiram soluções éticas, como SynthID do Google (2024) combatendo *deepfakes*, ou eficiência como FlashAttention-3 reduzindo custos para startups.

Aprenda Fazendo: Trace Seu Próprio Experimento Histórico

> Nota: Inspirado em marcos como Turing — destinada a curiosos; interprete com generosidade, e verifique fontes para atualizações.

Aplique a história com uma ferramenta como um modelo multimodal (ex.: GPT-4o via chat.openai.com ou Gemini 1.5 via gemini.google.com, gratuitos).

Prompt Pronto para Experimentar: "Gere uma linha do tempo breve da evolução de uma tecnologia fictícia, inspirada na história da IA de 1950 a 2025, focando em avanços multimodais, mudanças éticas e impactos monetizáveis como licenciamento de dados."

Passos Detalhados (Como Fazer):

1. Acesse o site da ferramenta (ex.: chat.openai.com), logue ou crie conta gratuita.
2. Insira o prompt na caixa de texto e gere a saída.
3. Revise e conecte ao histórico real (ex.: adicione marcos como AI Act de 2024 ou NVIDIA Blackwell, fonte: EU AI Act, 2024).
4. Adapte: Torne pessoal, como "Ligue à monetização em educação, considerando riscos éticos do NIST GenAI (Inteligência Artificial Generativa) Profile (2024)".
5. Reflita: Como essa "cadeia em cascata" se aplica aos seus objetivos? Anote uma forma de monetizar um insight histórico (ex.: criar cursos sobre governança de IA, alinhados à IndiaAI Mission), com *disclosure* para transparência.

Checklist: Aplicando Lições Históricas

- Leia um marco verificável de 2024-2025 (ex.: AI Act via European Commission).
- Experimente uma ferramenta relacionada (ex.: vídeo generativo com Runway Gen-3).
- Note um princípio ético (ex.: proveniência via C2PA).
- Brainstorm uma aplicação moderna (ex.: licenciamento de dados para startups).
- Compartilhe em uma comunidade para *feedback* global (ex.: fóruns LinkedIn sobre IA ética).

Exemplo da Vida Real: Um Estudo de Caso Global

Em Singapura, a estratégia NAIS 2.0 (2023) evoluiu em 2024 com Pair e AIBots, otimizando governança pública com *guardrails* éticos. Isso gerou exportações monetizáveis, como consultorias para governos africanos e asiáticos, mostrando a cascata histórica em impacto inclusivo (GovTech, 2024; Global Government Forum, 2024).

> Recurso Acionável: Explore Mais. Visite arxiv.org/search para artigos sobre modelos e acesse tutoriais para iniciantes. Junte-se a comunidades como fóruns de História da IA no LinkedIn para discussões globais.

Este caminho histórico ilumina a jornada da IA generativa, do conceito ao catalisador de 2025. Vimos a cadeia em cascata se desenvolver até ferramentas atuais. O Capítulo 4 aborda as aplicações, aplicando esses fundamentos na prática.

Tabela: Principais Lições do Capítulo 3

Década	Desenvolvimentos	Impacto Global	Insight Uau
1950s-1970s	Ideias de Turing, primeiras redes neurais.	Impulsionou pesquisas internacionais.	Levantou questões éticas desde o início.
1980s-2000s	Aprendizado profundo, GPUs.	Ganho de força na Ásia/Europa.	Convertidos em ferramentas escaláveis.
2010s-2025	GANs, transformers, vídeo generativo e governança (ex.: AI Act).	Adoção mundial com marcos éticos.	Gera inovações monetizáveis em cadeia.

4

Aplicações Criativas: Libertando a Imaginação

Com os mecanismos e fundamentos dos capítulos anteriores como base, chegamos ao coração pulsante da IA generativa: a criatividade. Nas minhas explorações, sempre me encantou como essa tecnologia transforma ideias vagas em expressões vívidas, revelando conexões que eu nem imaginava - como se fosse um canal para o fluxo universal, sem ego, apenas permitindo que a essência emerja. Inspirado em Rick Rubin em *The Creative Act: A Way of Being*, que vê a criatividade como um estado de ser, em que o artista se torna um canal do que já existe no universo, este capítulo mergulha em aplicações em escrita, áudio, vídeo e criatividade integrada, destacando ferramentas atualizadas, benchmarks globais de 2024-2025 e usos reais.

Estruturamos em camadas para todos os públicos: conceitos centrais primeiro; dicas avançadas em seguida. Incluímos exercícios práticos para você criar suas próprias inovações, com monetização como fio condutor – mostrando como transformar inspiração em renda sustentável.

> **O "uau"? A IA generativa atua como um espelho do universo criativo, refletindo e ampliando nossas intuições em obras que ressoam com uma profundidade inesperada, como fusões culturais que emergem organicamente para enriquecer narrativas cotidianas.**

Ilustração Conceitual – Prompt (Versão Enxuta)
Três ícones circulares elegantes (documento, onda de áudio, vídeo) com contornos platinados (#E5E7EB) e brilho violeta sutil, acompanhados por um ícone de estrela criativa com aura gradiente do esmeralda ao violeta. Diagrama futurista de convergência tecnológica com gradiente azul profundo → ciano vibrante, estrutura cristalina central com anéis concêntricos azul elétrico, streams fluidos com brilho neon verde, elementos translúcidos e aura ciano-neon. Estilo minimalista premium, vetorial profissional, proporções perfeitas, espaço negativo equilibrado, acabamento editorial de altíssimo padrão. Imagem feita com IA no genspark. Iterações necessárias

Escrita: De Prompts a Prosa

A IA generativa revoluciona a escrita ao gerar texto a partir de entradas simples, usando modelos de última geração (muitos já multimodais). Ferramentas como modelos avançados - GPT 5 (OpenAI) ou Gemini 2.0 (Google DeepMind, 2025) - permitem rascunhar artigos, histórias ou relatórios com raciocínio em tempo real, incorporando visão e áudio para enriquecer prompts.

Para iniciantes: experimente uma instrução como "Escreva um ensaio motivacional sobre perseverança, integrando elementos visuais de uma imagem de montanha", e refine a saída – é como um coautor que responde instantaneamente.

Globalmente, um levantamento da Gartner (2024) mostrou que a IA generativa é a solução mais implantada em organizações, impulsionando marketing e conteúdo editorial, com guias práticos para elevar qualidade e governança. Relatórios da Gartner enfatizam o *Hype Cycle* para IA, destacando IA multimodal como chave para adoção em massa, enquanto Forrester aponta que decisores planejam aumentar investimentos em genAI para conteúdo visual e narrativo.

> O insight inesperado: a IA revela harmonias latentes, sugerindo reviravoltas baseadas em narrativas culturais diversas, aprimorando a originalidade de formas que surpreendem até escritores experientes.

Mas lembre-se das limitações: modelos podem perpetuar vieses dos dados de treinamento, exigindo revisão humana para autenticidade, para garantir clareza e segurança em aplicações iniciais.

Ângulo de monetização: A demanda por habilidades de IA cresceu nas plataformas de trabalho independente. A Upwork destacou generative AI modeling e machine learning entre as competências mais procuradas, impulsionando projetos de maior valor (estratégia, revisão especializada) — uma oportunidade para freelancers posicionarem pacotes de "conteúdo + IA + curadoria humana". Relatórios da Forrester apontam adoção praticamente universal de genAI em planejamento, com ênfase em governança e parcerias para capturar valor além de produtividade, indicando espaço para serviços consultivos especializados.

Como fazer: Crie pacotes em Upwork ou Fiverr – comece com perfil gratuito, ofereça "redação IA + edição humana" por US$ 50-200/projeto.

Passos detalhados :

1. Acesse upwork.com, crie conta e perfil destacando ferramentas como Claude 3.5 Sonnet ou equivalentes (Anthropic) para narrativas naturais .
2. Use prompts para gerar rascunhos rápidos.
3. Adicione curadoria ética (verifique plágio com ferramentas como Copyleaks).
4. Promova com portfólio (ex.: "Gerei 10 artigos em 1 hora").

Resultado: renda sustentável, com tops faturando +US$ 50k/ano (Upwork, 2024).

> Dica para profissionais: Ajuste prompts para alinhar com sua intuição criativa, usando Claude ou equivalentes para narrativas mais naturais. Integre *feedback* iterativo para refinar o fluxo, priorizando originalidade humana para evitar questões de direitos autorais.

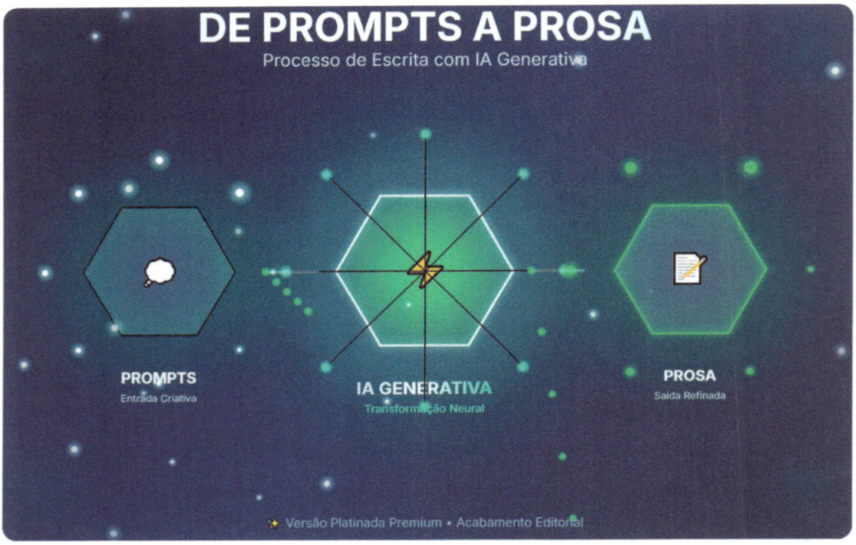

Ilustração Conceitual – Prompt (Versão Enxuta)
Visualização minimalista premium do ciclo criativo da IA generativa em três etapas: Input (ideias brutas transformadas em prompts estruturados), Processing (interpretação neural por redes avançadas com atenção e difusão), Output (prosa refinada pronta para publicação). Design clean com ícones elegantes, linhas douradas conectando os estágios, fundo azul profundo (#0a192f), tipografia sofisticada, espaço negativo amplo e acabamento vetorial profissional. Imagem feita com IA no genspark. Iterações necessárias

Áudio: Compondo Sons e Música

No áudio, a IA generativa cria músicas, paisagens sonoras (*soundscapes*) ou dublagens usando modelos avançados de diffusão (como Stable AUdio ou MusicGen ou equivalentes). Plataformas como AIVA ou as incubadoras do YouTube com Universal Music (2024) compõem faixas a partir de descrições, como "Fusão animada de jazz e ritmos africanos com locução sintética".

Para iniciantes: é acessível para gerar podcasts ou trilhas; profissionais usam para produções escaláveis, mas com cautela – ações judiciais da RIAA contra Suno e Udio (2024) destacam a necessidade de licenciamento ético para treinamentos, garantindo que criações respeitem direitos autorais e promovam inovação responsável.

Caso internacional: Um relatório da UNESCO (2024) destaca músicos africanos mesclando batidas tradicionais com IA, exportando globalmente via parcerias seguras.

Fator "uau": o efeito de ser criativo harmoniza estilos díspares, revelando melodias que unem culturas de maneiras inesperadas, como uma sessão de estúdio onde o inesperado se torna essencial.

Inspirei-me nisso ao convidar o músico, escritor e professor, Elmo Haizer, para testar uma trilha sonora simples gerada por IA, recriando fusões culturais inovadoras que pavimentam caminhos para hits globais, inspirando gerações e gerando renda abundante em um futuro onde a IA amplifica o fluxo criativo sem limites mas sempre ancorado na essência humana.

Para carreiras: Monetize licenciando áudio gerado por IA em sites como AudioJungle, transformando hobbies em receita – mas priorize *disclosure* e rotulagem, como exigido pelo YouTube para conteúdo sintético (2024), evitando riscos legais (RIAA, 2024; YouTube, 2024). Ferramentas como C2PA garantem transparência em áudio sintético.

Como fazer:

1. Gere faixas com AIVA (plano gratuito para testes). Para leigos: vá ao site aiva.ai, clique em 'assinar', insira email e comece com prompts simples como 'Crie uma melodia calma'.
2. Rotule como "IA-gerado" e verifique licenças (use C2PA para transparência).

3. Carregue em AudioJungle ou Pond5, precificando US$ 10-50 por trilha.
4. Promova em redes (ex.: LinkedIn para B2B). Renda: Tops faturam +US$ 5k/mês com royalties (AudioJungle, 2024).

Vídeo: Gerando Histórias Visuais

Aplicações de vídeo empregam GANs e diffusion para criar clipes, animações ou edições. Ferramentas como Runway Gen-3 Alpha (2024) ou Veo (Google DeepMind) no Vertex AI (Google Cloud, 2024) produzem filmagens de texto, ex.: "Anime uma cena curta de uma aventura em cidade futurista com controle de câmera e lip-sync".

Benchmarks globais: Relatórios da Deloitte sobre mídia (2024) mostram IA impulsionando eficiência em estúdios, com acelerações em pós-produção.

> A lição mais importante: a câmara de eco da IA tece ideias estáticas em narrativas dinâmicas, revelando harmonias visuais como fusões culturais perfeitas.

Monetização: Criadores vendem vídeos aprimorados por IA em stock sites ou oferecem serviços para marketing – como Synthesia para avatares em treinamentos empresariais, com uso em Fortune 100 (Partnership on AI, 2024; AWS, 2024).

Como fazer:

1. Crie clipes com Runway (teste grátis). Para leigos: acesse runwayml.com, crie conta gratuita clicando em 'Get Started', e teste com prompts básicos como 'Gere um vídeo curto de uma paisagem'.
2. Integre C2PA para proveniência ética.
3. Envie para Pond5 ou Shutterstock (aceita IA rotulada).
4. Ofereça pacotes freelance (ex.: US$ 200/vídeo curto).

Renda: +US$ 10k/ano para iniciantes escalando (Deloitte, 2024).

Criatividade Ampliada: Integrando e Inovando

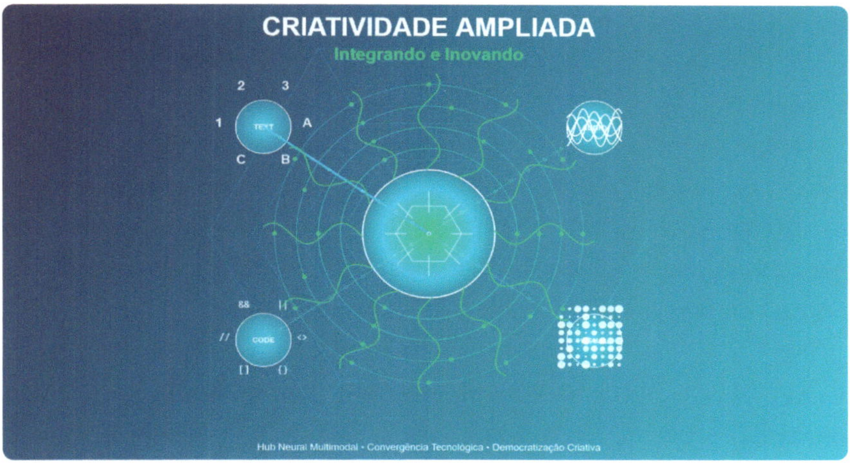

Ilustração Conceitual – Prompt (Versão Enxuta)
Visualização futurista da integração multimodal da IA generativa, mostrando um hub neural cristalino no centro, irradiando conexões que unem texto, imagem, áudio e código em harmonia. Fundo azul profundo com gradiente ciano vibrante, anéis concêntricos azul elétrico, streams fluidos com brilho neon verde e elementos translúcidos brancos. Aura gradiente ciano-neon envolvendo o núcleo criativo. Estilo minimalista premium, vetorial profissional, proporções perfeitas, espaço negativo equilibrado, acabamento editorial de altíssimo padrão. Imagem criada com IA no Canva.

Além das modalidades isoladas, a IA generativa fomenta criatividade integrada, combinando texto, imagem e vídeo – ex.: DALL-E para arte conceitual ou Canva Magic Studio para layouts multimodais . Princípio atemporal: A IA amplia fronteiras criativas democratizando ferramentas, como visto em artistas sul-americanos usando Midjourney para trabalhos híbridos.

> Insight: essa integração cria uma câmara de eco onde ideias evoluem em ciclos iterativos, promovendo avanços inesperados.

Monetize de forma ética: Desenvolva NFTs, workshops ou conteúdo para stock sites, inspirando-se em tendências globais que transformam ideias em renda sustentável, mas sempre priorize a transparência para construir confiança e prosperidade duradoura. Siga políticas de plataformas como Adobe stock (plataforma online para vender imagens e vídeos, onde conteúdo gerado por IA é aceito se rotulado corretamente) versus Shutterstock (proíbe submissão de IA pura por contribuidores, conforme atualização de 2024/2025), garantindo *compliance* via C2PA para proveniência e rastreabilidade.

O uau surge quando você percebe que a ética não é barreira, mas catalizadora: rotular corretamente transforma sua criação em um ativo valioso, abrindo portas para mercados globais sem comprometer a integridade. Imagine sua arte IA híbrida prosperando como um legado responsável.

Como fazer (vamos criar juntos, passo a passo, como uma jornada criativa):

1. Integre ferramentas e crie uma conta gratuita na plataforma escolhida (ex.: combine GPT para ideias + Runway para vídeo, depois acesse stock.adobe.com para Adobe Stock ou opensea.io para NFTs – Tokens Não Fungíveis, certificados digitais únicos para arte).
2. Crie uma peça híbrida e rotule o arquivo corretamente (ex.: misture sua criatividade humana com IA gerada, marque 'Gerado por IA' nas guidelines do Adobe, usando ferramentas como C2PA em c2pa.org para adicionar metadados de origem e evitar violações éticas).
3. Submeta, venda e promova ético (ex.: envie para aprovação, liste como NFT no OpenSea ou workshop no Teachable por US$ 50-200/aluno; divulgue o uso de IA em redes sociais para atrair compradores conscientes, acelerando exportações digitais). Renda: +US$ 5k/mês para criadores consistentes (Forrester, 2024, com tendências crescentes em 2025 para conteúdo híbrido ético).

> Dica para profissionais: Ajuste modelos com Hugging Face para dados pessoais – ex.: síntese de voz para conteúdo de marca. Contrate terceiros para partes do trabalho, evitando

problemas de direitos autorais em monetizações, e integre C2PA (Content Credentials) para transparência em imagens/vídeos (C2PA, 2024).

Aprenda Fazendo: Seu Projeto Criativo de IA

> Nota: Exercício inspirador para monetização – não é um tutorial técnico completo; interprete com generosidade e consulte especialistas para desenvolvimento real, como tutoriais da Apple Developer para *compliance* com regras e leis. Para públicos iniciantes, foque na ideia; profissionais podem expandir.

Experimente uma configuração multiferramenta: comece com GPT-4o para textos, Leonardo.ai para visuais, e Runway Gen-3 para vídeo.

Prompt Pronto para Testar: "Gere um esboço de história sobre a jornada de um músico, crie uma descrição de áudio com elementos asiáticos e africanos, e um conceito de vídeo com controle de câmera – inclua rotulagem para plataformas."

Passos Detalhados (Como Fazer):

1. Acesse chat.openai.com (para GPT-5), leonardo.ai (para visuais) ou runwayml.com (para vídeo) – crie contas gratuitas seguindo as instruções de registro no site
2. Insira o prompt em cada ferramenta sequencialmente (ex.: comece no GPT para texto, copie para Leonardo para imagem)
3. Gere e integre as saídas (ex.: combine texto + imagem + vídeo em um documento simples)
4. Identifique uma harmonia latente (ex.: mistura cultural surpreendente) e refine com rotulagem (ex.: marque 'Gerado por IA' para *compliance*)
5. Reflita: Como a câmara de eco ampliou sua criatividade? Monetize eticamente, como vendendo o conceito com *disclosure*.

Checklist: Aplicando IA Criativa

- Selecione uma ferramenta (ex.: Runway Gen-3).
- Gere uma peça criativa.
- Verifique ética (ex.: rotulagem, licenciamento).
- Explore monetização (ex.: Adobe Stock com C2PA).
- Compartilhe globalmente para feedback.

Exemplo da Vida Real: Um Estudo de Caso Global

Empresas da Fortune 100 usam Synthesia para vídeos de treinamento com avatares, reduzindo custos e escalando conteúdo multilíngue. Essa prática é destacada pela Partnership on AI como exemplo de uso ético de mídia sintética, com governança e transparência.

> Recurso Acionável: Seja Criativo. Explore midjourney.com para prompts. Participe de comunidades no DeviantArt ou fóruns de IA para inspiração. Aplicações criativas abrem portas para imaginação e oportunidade. Exploramos como câmaras de eco inovam.

O Capítulo 5 estende para produtividade, conectando criatividade a eficiência prática.

Tabela: Principais Lições do Capítulo 4

Área	Ferramentas / Exemplos	Benchmark Global	Insight Uau	Dica de Monetização
Escrita	GPT-4o para prosa.	Gartner (2024): Adoção em conteúdo.	Desvenda harmonias de trama.	Venda em Upwork.
Áudio	AIVA com rotulagem.	UNESCO/ RIAA (2024): Fusões éticas.	Harmoniza estilos.	Licencie em AudioJungle.
Vídeo	Runway Gen-3 para clipes.	Deloitte (2024): Eficiência em mídia.	Tece narrativas.	Vendas em stock sites.
Criatividade Integração	DALL-E.	Adobe (2024): Arte híbrida.	Amplifica ideias.	NFTs/ workshops com C2PA.

5

Produtividade e Programação: Otimizando Fluxos de Trabalho

Nota ao Leitor: *Este capítulo oferece uma visão inspiradora e prática para otimizar fluxos de trabalho com IA generativa, alinhada ao conceito de "trabalho profundo" de Cal Newport. Não é um manual técnico detalhado, mas um guia para desbloquear criatividade e eficiência. Para implementações avançadas, consulte as documentações oficiais das ferramentas mencionadas ou tutoriais online.*

Imagine-se em um dia comum, lutando contra uma enxurrada de e-mails, relatórios e tarefas triviais que sugam sua energia antes mesmo de você tocar no que realmente importa. Foi assim que me senti há alguns anos, até descobrir como a IA generativa pode ser uma aliada para reconquistar o foco. Inspirado em Cal Newport em *Deep Work,* que defende o cultivo de uma concentração intensa em um mundo cheio de distrações –, este capítulo explora como a IA nos ajuda a eliminar o superficial e mergulhar no essencial. Newport nos lembra de que o sucesso vem de rituais que protegem blocos de tempo ininterruptos, abraçando o tédio para fomentar a inovação verdadeira. Aqui, a IA não é mais uma ferramenta aleatória; ela é a parceira que automatiza o rotineiro, gera código inteligente e cria assistentes autônomos, liberando-nos para o que Newport chama de "trabalho profundo" – aquele que gera impacto duradouro.

O que mais impressiona? A IA generativa se torna o catalisador para uma concentração inabalável, criando parcerias inteligentes que aceleram o dia a dia e desbloqueiam criatividade ilimitada – pense em estudos que mostram ganhos reais, como otimizações em infraestruturas que cortam emissões de CO2 e impulsionam o crescimento global.

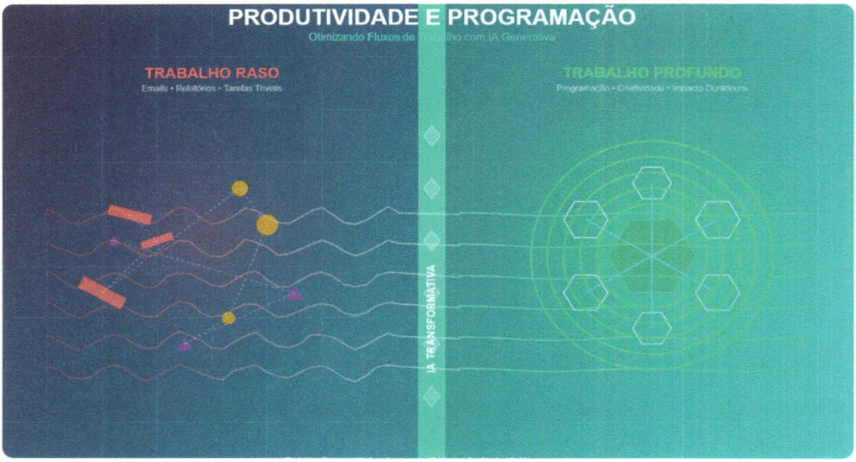

Ilustração Conceitual – Prompt (Versão Enxuta)
Visualização premium mostrando a transição do trabalho raso (Cal Newport) para o trabalho profundo com IA como catalisador. Lado esquerdo: tarefas triviais (emails, relatórios, reuniões fragmentadas) representadas por ícones minimalistas em tons neutros. Lado direito: blocos de concentração intensa, programação criativa e resolução complexa, iluminados por linhas douradas e elementos futuristas. Fundo em gradiente azul profundo (#0A2540 → #4CC9F0) com acentos dourados (#F59E0B), tipografia sofisticada, composição clean e estética editorial refinada. Estilo vetorial premium, espaço negativo equilibrado, proporções perfeitas. Imagem criada com IA no Canva. Iterações necessárias."

Produtividade: Automatizando o Cotidiano

Newport alerta para o perigo do "trabalho raso" – aquelas tarefas repetitivas que fragmentam o dia. A IA generativa resolve isso, assumindo resumos de documentos, organização de agendas e respostas automáticas de e-mails com ferramentas como Notion AI ou Microsoft Copilot. Para quem está começando, é simples: "Organize minhas tarefas semanais por prioridade. "Em instantes, surge um plano pronto, abrindo espaço para mergulhos sem interrupções. Em escala global, relatórios do Banco Mundial de 2025 mostram empresas no Sudeste Asiático economizando horas significativas ao automatizar processos internos, redirecionando energia para estratégias impactantes.

O segredo está na antecipação: a IA conecta e-mails a eventos do calendário, criando rotinas que evitam distrações e fomentam a imersão. Um estudo no Quarterly Journal of Economics (2025) revelou que agentes de atendimento ao cliente ganharam 14% mais eficiência ao resolver chamadas complexas, enquanto a IA lidava com o básico. Para monetizar, profissionais oferecem consultorias em plataformas como Fiverr, cobrando de US$50 a US$ 200 por sessão focada – alinhando com os rituais de Newport para sessões sem interrupções.

> Dica para profissionais: Integre a IA em rituais diários, usando Copilot para o superficial e reservando blocos de 4 horas para desafios cognitivos. Evite multitarefa, maximizando o retorno em consultorias, como Newport ensina.

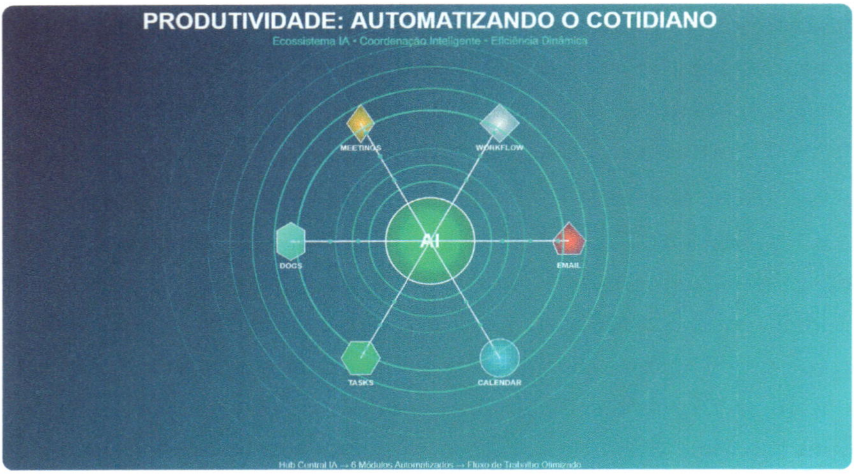

Ilustração Conceitual – Prompt (Versão Enxuta)
Diagrama premium do ecossistema de produtividade com IA como hub cristalino central, coordenando tarefas automatizadas: gestão de e-mails, otimização de calendários, priorização de tarefas, análise de documentos, agendamento de reuniões e integração de fluxos. Conectores dourados (#F59E0B) irradiando do núcleo, ícones minimalistas representando cada função, fundo em gradiente azul profundo (#0A2540 → #4CC9F0), tipografia sofisticada, composição clean e estética editorial refinada. Estilo vetorial premium, espaço negativo equilibrado, proporções perfeitas. Imagem criada com IA no Canva. Iterações necessárias."

Sugerimos familiaridade básica com navegação na web e ferramentas como GitHub, acesso a uma conta gratuita em plataformas como GitHub ou ChatGPT, curiosidade para experimentar prompts simples, como "Crie um script básico". Para iniciantes: comece com interfaces amigáveis, como o GitHub Copilot em modo web, antes de avançar para configurações técnicas.

Programação: Gerando e Refinando Código

Na programação, a IA acelera o processo com modelos como GitHub Copilot ou Tabnine. Peça algo como "Crie uma função Python para análise de dados" e receba código funcional rapidinho, permitindo foco no conceito em vez da sintaxe tediosa. Iniciantes depuram erros simples; experts a integram ao IDE para projetos complexos. A enquete da Stack Overflow (2025) indica que desenvolvedores na Índia e Europa relatam acelerações notáveis na codificação, liberando tempo para sessões intensas em inovações.

O diferencial? A IA sugere otimizações lógicas, unindo intenção humana à precisão, cortando horas de depuração. Monetize criando bibliotecas no GitHub ou vendendo scripts personalizados no Gumroad – com ética, pode render mais de US$ 1.000 mensais, usando o tempo salvo para projetos valiosos.

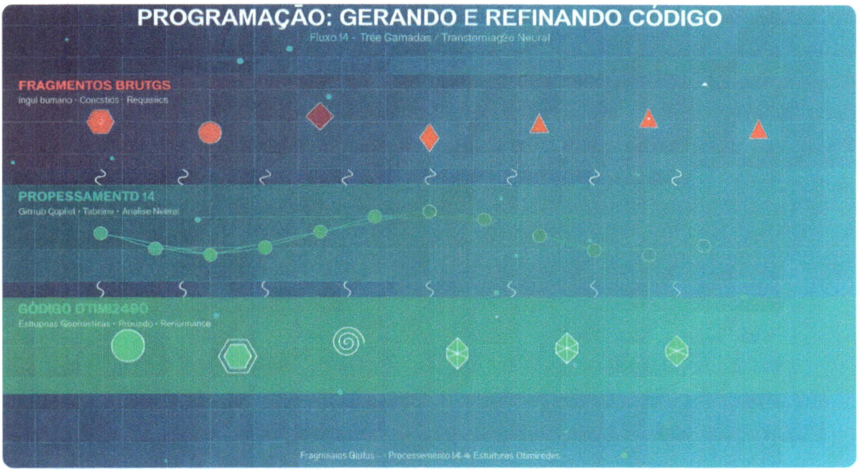

Ilustração Conceitual – Prompt (Versão Enxuta)
Visualização avançada do fluxo de geração de código com IA em três camadas: superior com fragmentos brutos representados por formas cristalinas, camada intermediária mostrando processamento neural inteligente (GitHub Copilot, Tabnine) com linhas douradas conectando padrões, e camada inferior exibindo código otimizado em geometria precisa. Fundo em gradiente azul profundo (#0A2540 → #4CC9F0), acentos dourados (#F59E0B), tipografia sofisticada, estilo vetorial premium, composição clean e estética editorial refinada. Imagem criada com IA no Canva. Iterações necessárias."

> Dica para profissionais: Use IA para o básico, guardando a concentração intensa para arquitetura de software. Agende blocos ininterruptos para revisar código, evitando dependência excessiva, como Newport adverte.

Agentes: Assistentes Inteligentes para Desafios Complexos

Recomendamos conhecimento básico de prompts em ferramentas como ChatGPT ou Auto-GPT. Acesso a uma conta gratuita no GitHub para usar repositórios como o Auto-GPT. Interesse em automação e disposição para seguir tutoriais simples online. Para iniciantes: experimente demos web de ferramentas como Auto-GPT antes de instalações locais.

Agentes de IA vão além: eles encadeiam ações, decidem sozinhos e usam ferramentas externas para objetivos maiores, permitindo que você se dedique ao essencial enquanto eles orquestram o resto. Diferente de prompts isolados, eles são proativos – decompõem tarefas, ajustam planos. Com LangChain ou Auto-GPT, planeje campanhas: pesquise públicos, crie posts, verifique ética.

Diga "Planeje uma campanha de marketing" e veja etapas se desenrolarem, minimizando interrupções. Relatórios da Forrester (2025) destacam otimizações em startups africanas e empresas americanas. Esses agentes criam colaborações independentes, elevando a eficiência e alinhando com Newport ao liberar humanos para o criativo.

Em sistemas multi-agentes, pesquisas do MIT CSAIL (2025) alertam para ética: agentes não captam valores humanos inerentemente, arriscando vieses ou privacidade. Estudos como "Multi-Agent Systems: Technical & Ethical Challenges" (MIT, atualizado 2025) recomendam humanos no loop, alinhando ao NIST GenAI Profile (2025) para transparência e risco mínimo. Monetize vendendo agentes customizados na GPT Store, priorizando ética.

Ilustração Conceitual – Prompt (Versão Enxuta)
Sistema multi-agente hexagonal premium com coordenador central dourado conectado a seis agentes especializados (Data Analysis, Task Management, Decision Making, Resource Optimization, Communication, Learning/Adaptation). Rede cristalina com linhas energéticas douradas sobre fundo roxo profundo (#6B46C1 → #A855F7), ícones minimalistas vetoriais para cada agente, composição simétrica, espaço negativo equilibrado e estética consultoria global. Estilo vetorial premium, proporções perfeitas, acabamento editorial refinado. Iterações necessárias. Imagem criada com IA no Canva. Iterações necessárias."

Integração Máxima: Uma Harmonia Eficiente

Combinando tudo, a IA cria rotinas completas: agentes de programação alimentam ferramentas de produtividade. O resultado? Uma harmonia que protege o foco, como em polos tecnológicos latino-americanos. O impacto real é desbloquear eficiências escondidas, transformando esforços solitários em resultados exponenciais – fiel aos princípios de Newport. Monetize com serviços de automação global.

Aprenda Fazendo: Criando um Agente de Produtividade

Inspirado em ferramentas acessíveis e no espírito de "trabalho profundo", este exercício mostra como um agente de IA pode liberar seu tempo para o essencial. Use o Auto-GPT, uma ferramenta open-source, para criar um script que resume e-mails e os conecta a um plano diário, ampliando sua concentração.

Prompt Pronto: "Como agente de IA, gere e refine um script simples para resumir e-mails e integrá-lo a um plano diário."

Passos Detalhados (Como Fazer):

1. Acesse o Auto-GPT: Visite github.com/Significant-Gravitas/Auto-GPT. Para iniciantes, experimente a demo web gratuita, se disponível, ou siga o tutorial rápido no repositório. Se técnico, instale via terminal com as instruções do GitHub (ex.: pip install auto-gpt).
2. Configure o Prompt: Cole o prompt acima na interface do Auto-GPT. Ajuste parâmetros básicos, como idioma (ex.: português), e execute. Para novatos, busque vídeos no YouTube com "Auto-GPT beginner guide" para apoio visual.
3. Analise a Saída: O agente gerará um script ou plano. Verifique como ele conecta e-mails a tarefas diárias (ex.: resumos de e-mails prioritários ligados a um calendário). Refine com prompts adicionais, como "Otimize o plano para 4 horas de foco intenso".
4. Adapte para Impacto: Personalize o script para uso profissional, como oferecer resumos automáticos a clientes. Isso pode ser monetizado em plataformas como Fiverr, cobrando por soluções de produtividade.
5. Reflita e Assegure Ética: Pergunte-se: "Como isso ampliou meu foco?" Verifique licenças open-source no GitHub e garanta *compliance* com privacidade (ex.: LGPD) ao usar dados de e-mails.

Dica Extra: Se for iniciante, comece com ferramentas amigáveis como ChatGPT para prompts simples antes de usar Auto-GPT. Para inspirações globais, junte-se a comunidades como r/Productivity no Reddit.

Checklist: Aplicando IA na Produtividade

- Automatize o superficial (ex.: e-mails via Copilot).
- Use agentes para conexões (ex.: LangChain com externas).
- Priorize ética (ex.: privacidade pela LGPD).
- Monetize (ex.: consultorias em foco profundo).
- Meça (ex.: tempo liberado, como no QJE 2025).

Exemplo da Vida Real: Um Caso Global

Um estudo da Gartner (2025) descreve um desenvolvedor brasileiro usando Copilot para apps de produtividade, com agentes automatizando processos de clientes – resultando em um SaaS rentável, beneficiando PMEs mundialmente e mostrando como o foco intenso leva a inovações éticas.

> Recurso Prático: Acesse github.com/features/copilot para *templates*. Junte-se a r/Productivity no Reddit para trocar ideias globais.

A IA orquestra sucesso concentrado em produtividade e programação. O Capítulo 6 explora educação e saúde, estendendo a eficiência para o empoderamento humano.

Tabela: Principais Lições do Capítulo 5

Área	**Ferramentas / Exemplos**	**Benchmark Global**	**Insight** Uau	Dica de Monetização
Produtividade	Copilot para tarefas.	Banco Mundial (2025): Economias emergentes.	Antecipa necessidades para imersão.	Consultoria no Fiverr.
Programação	GitHub Copilot para código.	Stack Overflow (2025): Acelerações notáveis.	Otimiza lógicas para foco intenso.	Venda bibliotecas no GitHub.
Agentes	Auto-GPT para autonomia.	Forrester (2025): Otimização operacional.	Cria colaborações éticas independentes.	Agentes na GPT Store.
Integração	Rotinas combinadas.	Gartner (2025): Polos tecnológicos.	Desbloqueia eficiências para sucesso.	Serviços de automação.

6

Educação e Saúde: Empoderando o Aprendizado e o Cuidado com a Saúde

Transitando da eficiência do Capítulo 5 para a transformação de vidas, a IA generativa se aventura nos domínios da educação e da saúde, onde o verdadeiro impacto reside na personalização humana. Inspirado em Seymour Papert em *Mindstorms: Children, Computers, and Powerful Ideas,* que vê ferramentas digitais como extensões da mente, permitindo abstrair ideias e gerar conhecimento através da experimentação –, este capítulo explora como a IA cria micromundos personalizados, guiando caminhos de aprendizado e cuidado.

A chave é a IA como "tartaruga digital", referência ao Logo de Papert, convidando a construir percursos que unem educação e saúde para bem-estar holístico e prosperidade equitativa.

Ilustração Conceitual – Prompt (Versão Enxuta)
Dupla hélice tecnológica entrelaçando educação e saúde por meio da IA generativa, formando micromundos personalizados que potencializam aprendizado e cuidado. Composição vetorial ultraclean, espaço negativo amplo e três módulos temáticos codificados por assinaturas energéticas em coral (#FECDD3, #FB7185, #F43F5E). Acabamento editorial premium. Imagem criada com IA através do Genspark.ia. Iterações necessárias."

Educação: Personalizando Experiências de Aprendizado

O construcionismo de Papert enfatiza aprender criando. A IA generativa realiza isso gerando conteúdos adaptados, como planos interativos em Duolingo Max ou Khanmigo.

Para iniciantes, um prompt como "Crie um guia de álgebra com exemplos práticos e interativos, permitindo que o aluno construa o conhecimento aos poucos" estimula manipulação ativa de conceitos.

O Relatório OCDE (2023) destaca tutoria adaptativa asiática, com casos como Squirrel AI na China, elevando resultados (Stanford GSB, 2024). A UNESCO (2023) reforça diretrizes éticas para equidade. No Brasil, ferramentas como Escribo adaptam aprendizado rural, democratizando acesso com perspectivas culturais.

Para monetização: crie cursos em Udemy. Segundo análise de 2024, a média anual é de US$ 3.306, mas os 1% mais bem posicionados podem ultrapassar US$50 mil/ano.

> Dica para profissionais: Integre construcionismo de Papert com IA criando micromundos (ex:. simulações Python via Turtle). Alinhe à BNCC no Brasil e incentive depuração humana conforme recomenda a UNESCO.

Ilustração Conceitual – Prompt (Versão Enxuta)
Visualização abstrata do ecossistema educacional impulsionado pela IA generativa, com paleta coral premium. A composição representa a evolução do construcionismo digital: da tartaruga do Logo aos micromundos personalizados, onde aprendizado e descoberta se entrelaçam com metacognição amplificada. Estilo vetorial clean, espaço negativo amplo e acabamento editorial refinado. Imagem criada com IA no genspark.ai. Iterações necessárias."

Impactos Cognitivos: Evidências Recentes e Estratégias para Prosperar

Estudos recentes mostram ganhos quando a IA é usada para construção ativa do conhecimento.

Noy & Zhang (Science, 2023): mostraram que tarefas guiadas por IA elevaram a qualidade dos resultados em18% enquanto reduziram o tempo de execução em 40%. Já Brynjolfsson et al. (QJE, 2025):

analisaram 5.172 agentes conversacionais impulsionados por IA, registrando um aumento médio de 15% na produtividade.

No entanto, os riscos merecem atenção. PISA 2022 registrou um declínio cognitivo global de 15 pontos em matemática e pesquisas apontam para um "efeito Flynn reverso" (queda de QI) ligado a fatores ambientais e pandemia. (PNAS, 2018; Intelligence, 2023). O MIT Media Lab (2024) alerta para dependência passiva e menor engajamento neural, criando um "desuso da mente" quando a máquina assume o pensamento. O MIT CSAIL (2024) enfatiza auditorias em multiagentes para mitigar vieses.

> Insight: transforme riscos em ganhos – tutores de IA superam tradicionais com até 40% mais eficiência (Nature/Harvard, 2024) quando usados com supervisão humana.

Monetize consultorias em IA cognitiva ética, com +56% salários (PwC, 2025).

Checklist para Uso Cognitivo Responsável:

- Gere ideias próprias antes de prompts.
- Incentive práticas ativas: peça perguntas socráticas à IA para construção.
- Teste recuperação sem IA para memória.
- Limite sessões, priorize depuração humana.

Saúde: Aprimorando Diagnóstico e Cuidado com a Saúde

A IA eleva simulações e diagnósticos com modelos como PathAI ou Merative.

Para Iniciantes: "Usem prompts como: 'Resuma as opções de tratamento para diabetes, de forma que eu possa construir um plano personalizado.

Benchmarks globais: OMS (2023 - 2024) destaca telemedicina na África e Europa, incluindo IA para doenças tropicais negligenciadas

(NTDs) como dengue e malária, com relatórios anuais mostrando redução de casos via detecção preditiva (WHO Global Report on NTDs 2024). *The Lancet Regional Health* (2024) relata integração de IA em saúde no Sul da Àsia.

> Insight: a precisão nasce da experimentação, como Papert sonhava, com mundos construídos por mentes curiosas. A IA generativa eleva discussões sobre hábitos a planos interativos que você esculpe em tempo real, arquitetando um futuro de bem-estar.

Caso de Sucesso: Urologia Robótica

Um exemplo inovador: em urologia robótica, profissionais como o Dr. Marco Túlio Lasmar, que liderou o primeiro transplante renal robótico em Minas Gerais em 2018 no Hospital Felício Rocho, utilizam IA generativa para desafios como nefrectomias em doadores. A tecnologia gera modelos 3D personalizados de scans de pacientes, simulando cenários cirúrgicos virtuais para depurar riscos como lesões nervosas ou complicações vasculares e otimizar o plano cirúrgico robótico. Essa abordagem acelera treinamento, reduz trauma e melhora resultados, alinhando-se ao construcionismo de Papert ao permitir que cirurgiões construam e testem estratégias antes da operação.

Monetização com IA em Saúde: O "Como" para prosperar Para monetização, desenvolva aplicativos de saúde em lojas como a Apple App Store, onde casos bem-sucedidos chegam a receitas mensais de até US$ 10.000 (Crunchbase, 2024). Esse resultado depende de fatores como modelo de negócio (assinaturas ou compras no app), base ativa de usuários e valor percebido.

Estratégias comuns incluem oferecer versão gratuita com recursos premium, integrar planos personalizados e garantir conformidade com normas de privacidade (LGPD, GDPR). Para começar, é possível criar um MVP (Minimum Viable Product) com ferramentas no-code como Bubble ou Adalo, evoluir para versões nativas com

Swift (iOS), e sempre alinhar marketing (ex.: SEO na App Store) e retenção de usuários (ex.: notificações personalizadas via IA).

No Brasil, atente à ANVISA para apps médicos e ANPD para dados (Resolução CD/ANPD nº 4/2023).

Exemplo: Um app de monitoramento de diabetes usa IA para gerar relatórios personalizados, cobrando R$ 19,90/mês por premium – valide com testes beta e itere com feedback.

Alerta: Para prosperar, foque em nichos subatendidos, como saúde rural, e consulte especialistas para garantir conformidade legal. Monetização ética em saúde exige uma bússola moral refinada: o lucro não é substituto do impacto, mas sua consequência. Essa é a verdadeira prosperidade.

Aprenda Fazendo: Crie Seu App de Saúde com IA

> Nota: Exercício inspirador para monetização – não é um tutorial técnico completo; interprete com generosidade e consulte especialistas para desenvolvimento real, como tutoriais da Apple Developer para *compliance* com regras e leis. Para públicos iniciantes, foque na ideia; profissionais podem expandir.

Baseado nos cases, use ChatGPT: "Elabore um Produto Mínimo Viável de app para monitoramento de saúde renal integrado a aprendizado nutricional, incluindo monetização ética via assinatura, conformidade com LGPD e prompts para IA generativa de planos personalizados."

Passos detalhados (Como Fazer) :

1. Acesse chat.openai.com, crie conta gratuita se necessário, e cole o prompt na caixa de texto para gerar a saída inicial.
2. Gere e revise o módulo (ex.: leia, ajuste o prompt para mais detalhes como "Adicione exemplos diários").

3. Adapte culturalmente (ex.: inclua dicas globais, como nutrição sustentável no Brasil ou detecção de NTDs via OMS 2024).
4. Explore monetização como app híbrido: Pesquise tutoriais básicos na Apple Developer (developer.apple.com) para submissão; comece com um protótipo simples via ferramentas como Bubble.io (sem código) – garanta *compliance* verificando App Store guidelines (2025)
5. Reflita: Como a IA revelou conexões entre conhecimento e bem-estar?

> Nota: Para apps reais, contrate desenvolvedores ou use plataformas no-code; receitas variam e dependem de marketing ético.

Checklist: Aplicando IA em Educação e Saúde

- Selecione ferramenta (ex.: Khanmigo)
- Crie item personalizado
- Verifique ética/equidade (inclua inclusão digital para NTDs)
- Brainstorm renda sustentável
- Discuta em fóruns globais

Integrando Educação e Saúde

A IA conecta aprendizado e cuidado com a saúde em programas que ensinam hábitos via construção ativa, priorizando equidade (UNICEF, 2023). Essa Integração cria trajetórias holísticas, alinhadas ao pensamento de Papert, onde conhecimento guia bem-estar – planos comunitários mesclam saberes indígenas e digitais, como IA para NTDs em regiões vulneráveis (WHO, 2024).

Exemplo da Vida Real: Um Estudo de Caso Global

Iniciativa indiana usou IA para educação integrada a diagnósticos, evoluindo para telemedicina equitativa (*The Lancet Regional Health – Southeast Asia*, 2024).

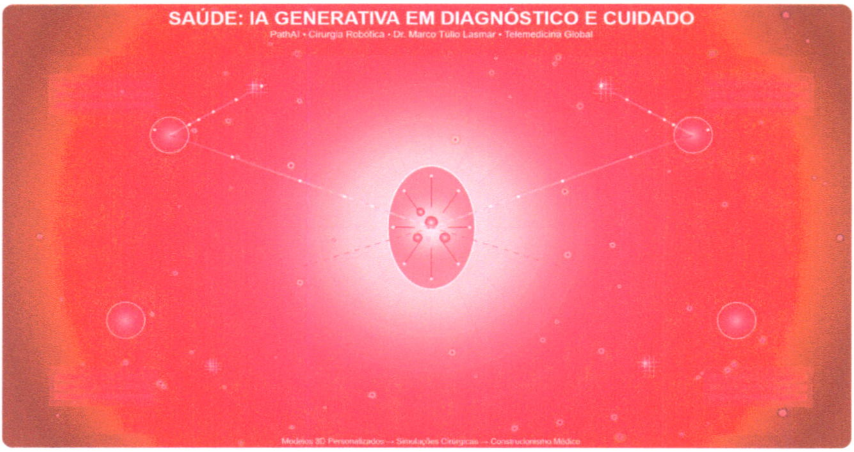

Ilustração Conceitual – Prompt (Versão Enxuta)
Visualização futurista do ecossistema de saúde impulsionado por IA, com paleta coral (#F43F5E, #BE185D, #EC4899). Figura central holográfica de anatomia humana iluminada por vias neurais douradas, cercada por nós de diagnóstico e esferas de simulação cirúrgica. Fluxos cristalinos conectam câmaras robóticas e rotas de tratamento personalizadas, em composição vetorial premium e estética minimalista. Imagem criada com IA no genspark.ai. Iterações necessárias."

Recurso Prático: Inove com Responsabilidade. Visite who.int para diretrizes. Participe de fóruns EdTech no LinkedIn

Educação e saúde com IA constroem um futuro acessível. O Capítulo 7 aborda negócios e direito, conectando o empoderamento de profissionais e organizações à adoção de estratégias operacionais éticas.

Tabela: Principais Lições do Capítulo 6

Área	Ferramentas / Exemplos	Benchmark Global	Insight Revelador	Dica de Monetização
Educação	Khanmigo para aulas.	OCDE (2023): Tutoria adaptativa.	Adapta aprendizado via construção ativa.	Cursos personalizados no Udemy.
Impactos Cognitivos	Tutores IA multiagentes.	Nature (2024): Ganhos +40%.	Mitiga declínios com ética e experimentação.	Consultorias em IA cognitiva ética.
Saúde	PathAI para diagnósticos.	OMS (2023): Telemedicina.	Simula precisão construída, como em urologia robótica.	Aplicativos de saúde em lojas.
Integração	Programas de bem-estar.	UNICEF (2023): Iniciativas holísticas.	Sinergia para prosperidade sustentável.	Plataformas híbridas éticas.

7

Negócios e direito: Estratégias de Operações e Conformidade

Antes de escrever este livro, mergulhei em pesquisas profundas sobre temas complexos, aprendendo com outros escritores e descobrindo que transmitir conhecimento valioso exige autoconhecimento. Fiz uma curadoria criteriosa de assuntos relevantes, conectados aos meus interesses pessoais, filtrando um volume enorme de dados para inspirar ações sem sobrecarregar, alinhando desafios aos avanços tecnológicos.

Como escritora brasileira, cosmopolita e pesquisadora incansável, busco histórias que unem desafios, tecnologia e humanidade. Recentemente, no Brasil, deparei-me com um desafio fascinante: uma comunidade rural lutando para regularizar terras improdutivas, um problema crônico que envolve mapeamento complexo e burocracia.

Como consultora, testei uma ferramenta de IA generativa integrada a dados abertos do Google Maps e bases públicas do INCRA – o prompt simples - "Analise dados abertos de terras na região X, identifique áreas de domínio da União e gere um relatório com mapas e recomendações para regularização ética" produziu um *blueprint* preciso em minutos, identificando padrões ocultos como sobreposições territoriais.

Compartilhei isso com uma amiga, advogada, que usou o relatório para acelerar um processo jurídico, cobrando pelo serviço de forma ética e acessível. Isso não só resolveu o problema da comunidade, permitindo posse legal e agricultura sustentável, mas revelou uma sinergia: a IA transformou dados dispersos em um plano acionável, contribuindo para sua atuação profissional ao viabilizar soluções mais rápidas e precisas.

Foi um momento de "uau" pessoal – a IA como ponte entre inovação e impacto real, equilibrando eficiência com ética.

Este capítulo analisa estratégias empresariais, modelos de monetização e marcos regulatórios, com ferramentas práticas e benchmarks internacionais de 2023-2025. Organizado em camadas – fundamentos seguidos de dicas para especialistas –, incorpora exercícios para aplicação concreta, além de abordagens éticas para inovadores.

O aspecto revelador reside na habilidade da IA de equilibrar inovação com conformidade, transformando desafios legais em oportunidades de prosperidade sustentável.

Ilustração Conceitual – Prompt (Versão Enxuta)
Visualização futurista da ponte de IA conectando inovação ao impacto real. Estrutura central luminosa liga o caos de dados a soluções organizadas, com nós cristalinos de processamento flutuando acima e fluxos de luz transformando documentos legais em caminhos claros. Paisagem rural digitalizada simboliza prosperidade ética e eficiência. Estilo vetorial premium, paleta refinada e composição minimalista. Complexidade burocrática se dissolvendo em caminhos claros. ilustraçao feita com IA no genspark.ai. Iterações necessárias."

Negócios: Estratégias para Monetização e Inovação

A IA generativa impulsiona modelos de negócios ao automatizar processos e criar valor agregado, como em plataformas de conteúdo personalizado ou análise preditiva. Para empreendedores, uma abordagem inicial envolve prompts como "Desenvolva um plano de negócios para uma startup de IA focada em marketing digital", gerando estruturas viáveis que se adaptam a mercados específicos.

Relatórios da McKinsey (2023) estimam um potencial econômico de US$ 2,6 a 4,4 trilhões anuais em 63 casos de uso, com 75% concentrado em operações com clientes, marketing, engenharia de software e P&D.

Essa dinâmica não apenas otimiza operações, mas também revela caminhos para inovação competitiva — especialmente em economias de alta renda onde a adoção é mais rápida.

Para monetização, considere modelos de assinatura em ferramentas de IA, como aplicativos de automação que geram receitas recorrentes – investimentos privados em IA generativa atingiram US$ 25,2 bilhões em 2023 (Stanford HAI, 2024).

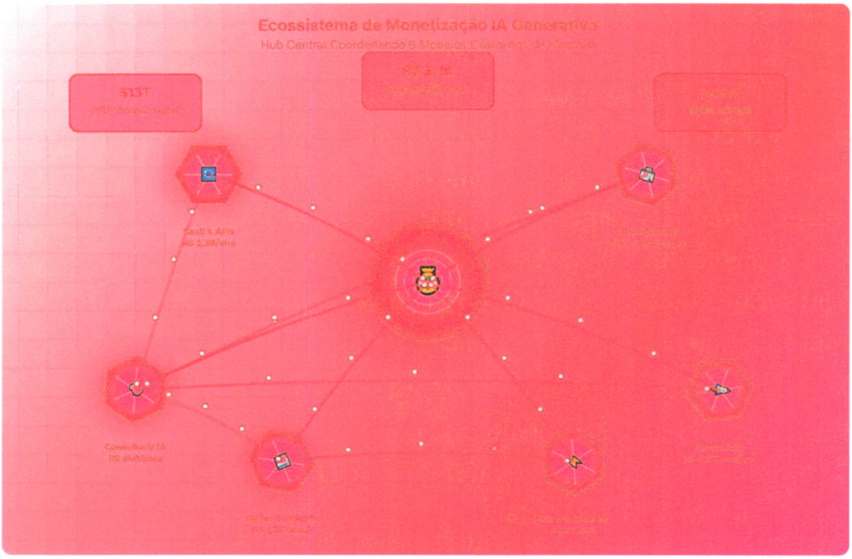

Ilustração Conceitual – Prompt (Versão Enxuta)
Visualização dinâmica do ecossistema de monetização em IA generativa, com hub central conectado a seis modelos cristalinos de negócio. Fluxos de dados transformam-se em partículas douradas e luzes de platina, simbolizando valor e investimento. Paleta coral refinada, geometria hexagonal e estética vetorial premium. Imagem criada com IA no genspark.ai. Iterações necessárias.

Direito: Regulamentações e Ética

No âmbito jurídico, a IA generativa exige atenção a questões como propriedade intelectual e privacidade de dados, guiadas por marcos como o AI Act da União Europeia (Regulamento (UE) 2024/1689, em vigor desde agosto de 2024). Iniciantes podem consultar prompts como "Resuma as implicações legais de usar IA para geração de conteúdo protegido por direitos autorais", produzindo análises que facilitam a conformidade.

Benchmarks globais, incluindo regulamentações da China (Interim Measures for Generative AI, 2023) e dos EUA (Executive Order 14110, 2023), enfatizam auditorias éticas, conforme o NIST AI Risk Management Framework (2023, perfil genAI em 2024).

No Brasil, a Estratégia Brasileira de Inteligência Artificial (EBIA, Portaria MCTI nº 4.617/2021) integra regulamentações éticas à inovação, alinhando-se à LGPD (Lei nº 13.709/2018, art. 20 sobre revisão de decisões automatizadas) e promovendo inclusão digital em setores como agricultura e saúde. Verificável no relatório do CGEE (2023), a EBIA serve como modelo global para países em desenvolvimento, equilibrando crescimento econômico com conformidade ética – o PL 2338/2023 (aprovado no Senado em dez/2024, em análise na Câmara em set/2025) reforça isso com classificação de risco. No Brasil, o TSE regulamentou deepfakes em eleições recentes (2024), com implicações para 2025, proibindo manipulações sem *disclosure*.

> O insight fundamental emerge na capacidade da IA de navegar complexidades legais, convertendo restrições em *frameworks* de inovação responsável.

Para monetização, advogados e consultores podem oferecer serviços de *compliance* para empresas de IA, gerando receitas via consultorias especializadas – exemplos incluem firmas faturando US$ 5.000 a 20.000 por projeto, segundo dados da LegalTech (2023).

> Dica para profissionais: Integre contratos inteligentes baseados em blockchain para proteção de propriedade intelectual. No Brasil, atenda à LGPD e normas da ANPD (Resolução CD/ANPD nº 4/2023), garantindo que inovações jurídicas mitiguem riscos sem comprometer o avanço tecnológico.

Integrando Negócios e Direito

A fusão de negócios e direito na IA generativa cria ecossistemas robustos, como plataformas que combinam monetização com *compliance* automatizado. Iniciativas na Europa, conforme o relatório da Comissão Europeia (2023), exemplificam essa integração, priorizando equidade em contextos globais.

No Brasil, o Projeto Victor do STF (IA para análise recursal, com mais de 10 milhões de páginas processadas até 2021) e a Plataforma Sinapses do CNJ (150 modelos ativos em 2024-2025) mostram como IA otimiza justiça, reduzindo tempos e custos – casos que inspiram soluções híbridas monetizáveis, como legaltechs para revisão contratual.

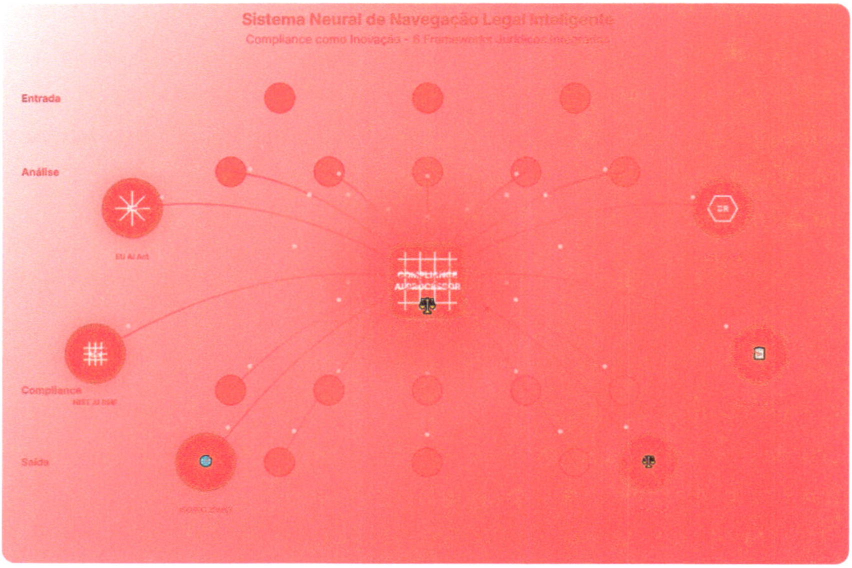

Ilustração Conceitual – Prompt (Versão Enxuta)
Visualização do sistema neural de compliance jurídico, com processador central coordenando seis frameworks globais: EU AI Act, LGPD, NIST AI RMF, EBIA, ISO/IEC 23053 e Marco Civil da Internet. Rede neural com cinco camadas de processamento legal conectadas por linhas orgânicas, simulando pensamento jurídico aplicado à IA generativa. Estilo vetorial premium, paleta refinada e composição minimalista. Imagem criada com IA no genspark.ai. Iterações necessárias.

Essa convergência delineia trajetórias equilibradas, onde oportunidades empresariais se alinham a padrões jurídicos, revelando sinergias para crescimento sustentável.

Monetize desenvolvendo soluções híbridas, como softwares de IA legaltech (ex.: Jusbrasil com funcionalidades genAI para resumos éticos em 2024), diferenciando empreendimentos com abordagens éticas e escaláveis.

Um exemplo de integração em indústrias críticas é visto na mineração sustentável, inspirado em práticas reais brasileiras.

Case: A Mineração Inteligente – Transformando Recursos Naturais em Prosperidade Sustentável

Imagine uma gigante da mineração brasileira, operando em múltiplos continentes, que transforma minérios em produtos essenciais para o mundo moderno. Com uma cadeia de valor complexa – da extração à logística global –, essa empresa enfrentava desafios como custos altos de produção, riscos ambientais e a necessidade de eficiência para competir internacionalmente.

Em vez de expandir a força de trabalho ou aumentar o impacto ambiental, ela apostou na IA generativa para inovar, criando um ecossistema onde tecnologia e ética andam de mãos dadas.

O Desafio e a Inovação com IA Generativa:

A empresa precisava reduzir custos de produção de minério de ferro enquanto melhorava o desempenho de seu portfólio, tudo sem comprometer a segurança ou o meio ambiente. Usando IA generativa, ela desenvolveu modelos que analisam dados de telemetria de equipamentos (como caminhões e trens) para otimizar velocidades e rotas em minas.

Por exemplo, a IA processa variáveis como tipo de carga e condições climáticas para prever a velocidade ideal em cada segmento, reduzindo o consumo de diesel em até 10% e cortando emissões de CO2. Isso não é ficção: baseia-se em algoritmos de machine learning que cruzam dados históricos com simulações generativas, criando cenários "o que se" para decisões em tempo real.

Em outra aplicação, a IA generativa democratiza ferramentas autônomas para funcionários. Em vez de depender de especialistas, os colaboradores usam assistentes de IA para tarefas como agendamento de manutenção ou análise de riscos. Esses "agentes inteligentes" são treinados para responder perguntas sobre procedimentos operacionais, acessando documentos internos via processamento de linguagem natural (NLP).

O resultado? Processos que antes levavam horas agora são resolvidos em minutos, liberando tempo para trabalhos estratégicos e criativos, como planejamento de projetos sustentáveis.

O Toque Ético e de Prosperidade:

A chave do sucesso é a governança: a empresa implementou políticas rigorosas para checar o uso de IA, garantindo conformidade com regulamentações globais e foco em segurança.

Por exemplo, modelos de video analytics monitoram operações em tempo real (como detecção de umidade em vagões ou granulometria de minérios), ajustando parâmetros para evitar acidentes e desperdícios, com alertas que priorizam a intervenção humana.

Isso reduz riscos legais e ambientais, promovendo uma "mineração ética" que beneficia comunidades locais através de empregos verdes e redução de emissões.

A prosperidade vem da inovação escalável: ao "democratizar" a IA, a empresa capacita 80 mil funcionários a criar soluções personalizadas, como prever falhas em equipamentos com semanas de antecedência, economizando milhões em manutenção.

Um exemplo inspirador é o uso de IA para otimizar o carregamento de navios, prevendo umidade com 95% de acurácia, eliminando paradas e acelerando exportações – tudo com foco em sustentabilidade, como minimizar o impacto climático.

Lição para Crie, Inove, Prospere:

Essa mineradora prova que a IA generativa não é só ferramenta – é catalisadora de transformação. Ao integrar tecnologia com ética, ela cria valor compartilhado: custos reduzidos, operações mais seguras e um legado sustentável.

Imagine aplicar isso no seu dia a dia: use prompts generativos para simular cenários de negócios, sempre com governança para garantir resultados responsáveis. Como diz o ditado adaptado: "Na mineração do futuro, a IA extrai não só minérios, mas prosperidade para todos."

No âmbito jurídico, plataformas como Sinapses exemplificam essa fusão

Case: Plataforma Sinapses do CNJ – IA Ética para Eficiência Judicial no Brasil

Imagine o Poder Judiciário brasileiro, sobrecarregado por milhões de processos, transformando dados em justiça ágil. A Plataforma Sinapses, lançada pelo CNJ em 2020 (Resolução n. 332/2020), é um hub nacional de IA que armazena, treina e distribui modelos para tribunais, com 150 ativos em 2024-2025.

Usando prompts como "Analise dados processuais para prever riscos de prescrição", a plataforma otimiza fluxos, reduzindo atrasos em até 30% (dados CNJ, 2023). No TJ-DF, por exemplo, modelos de IA analisam petições, acelerando julgamentos.

O desafio era burocracia e viés; a inovação veio com governança: treinamento supervisionado, auditoria de modelos e conformidade com LGPD e EBIA (Portaria MCTI nº 4.617/2021). Isso monetiza indiretamente – tribunais economizam recursos, e legaltechs parceiras faturam com integrações.

O toque ético: transparência em datasets públicos, evitando discriminação (ex.: viés racial em análises). Prosperidade surge na inclusão: comunidades rurais acessam justiça remota via IA, como no "Registre-se!" do CNJ.

> Lição: IA generativa transforma o direito em ferramenta acessível, equilibrando inovação com conformidade.

Aprenda Fazendo: Desenvolva uma Estratégia de Negócios Ética

Use uma ferramenta como ChatGPT para planejamento ou plataformas como Canva para visualizações.

Prompt Pronto para Experimentar: 'Baseado em casos como a mineração sustentável ou a Plataforma Sinapses do CNJ, elabore um modelo de negócios para uma ferramenta de IA que respeite regulamentações de privacidade, adaptando a um nicho de mercado específico, como georreferenciamento de terras no Brasil com foco em sustentabilidade.

Conceito-chave: Georreferenciamento ético envolve usar IA para mapear terras com precisão, respeitando a privacidade conforme a LGPD e evitando exposição de dados pessoais. Por exemplo, em agricultura sustentável, priorize dados abertos e anonimizados de fontes oficiais, como o INCRA, para promover transparência e minimizar riscos éticos e legais.

Nota: Para todos os públicos – explore com criatividade, adaptando às regras éticas e legais, como a LGPD, para criar soluções práticas e responsáveis.

Passos do Exercício:

1. Acesse chat.openai.com (ou gemini.google.com), crie conta gratuita se necessário, e cole o prompt na caixa de texto para gerar o modelo inicial.
2. Refine o modelo adicionando detalhes reais (ex.: pesquise gov.br/incra para dados abertos sobre terras).
3. Incorpore elementos jurídicos reais (ex.: verifique conformidade com LGPD em gov.br/anpd e EBIA em gov.br/mcti).
4. Explore monetização: Avalie viabilidade como produto vendável, como um app que usa IA para mapear terras improdutivas com dados abertos – calcule custos via benchmarks McKinsey.
5. Reflita: Como a integração de direito revelou oportunidades inovadoras?

Checklist: Aplicando IA em Negócios e Direito

- Identifique uma oportunidade de negócios (ex.: automação via IA).
- Verifique conformidade legal (ex.: mapeie riscos com AI Act ou LGPD).
- Desenvolva um protótipo ético (ex.: integre auditorias de viés).
- Calcule potencial de renda (ex.: baseie em benchmarks McKinsey).
- Consulte fóruns como LegalTech no LinkedIn.
- Verifique fontes atualizadas (2025).

Exemplo da Vida Real: Um Estudo de Caso Global

Em um caso relatado pela Harvard Business Review (2023), uma startup europeia utilizou IA generativa para análise de contratos, integrando monetização com *compliance* ao AI Act, resultando em expansão ética e receitas crescentes em múltiplos mercados. No Brasil, a Jusbrasil (2024) usa genAI para resumir decisões jurídicas, otimizando acesso à justiça e gerando valor para usuários.

Recurso Prático: Desenvolva Suas Habilidades. Acesse eur-lex.europa.eu para marcos de IA. Junte-se a comunidades como grupos de Legal AI no LinkedIn para colaborações internacionais.

Com negócios e direito alinhados, a IA navega em direção a um ecossistema inovador. O Capítulo 8 explora o setor público e tendências emergentes, estendendo essas estratégias para impacto societal.

Tabela: Principais Lições do Capítulo 7

Área	Ferramentas / Exemplos	Benchmark Global	Insight Revelador	Dica de Monetização
Negócios	Prompts para planos empresariais.	McKinsey (2023): US$ 2,6-4,4 tri/ano.	Otimiza a vida, o trabalho, a sociedade.	Modelos de assinatura.
Direito	Análises de *compliance*.	NIST (2024): Perfil genAI.	Converte restrições em *frameworks*.	Consultorias em legaltech.
Integração	Plataformas híbridas.	Comissão Europeia (2023: Ecossistemas éticos.	Sinergias para crescimento sustentável.	Soluções de IA legaltech.

8

Setor Público e Tendências Emergentes: Moldando a Sociedade e o Futuro

Imagine que você, leitor, está no comando de uma metrópole em ebulição. O tráfego paralisa as ruas, o ar está saturado de emissões de CO_2, e o futuro parece incerto. Mas e se uma ferramenta simples — como um prompt bem elaborado para uma IA generativa — pudesse testar caminhos sustentáveis, projetando cenários que reduzem emissões e criam empregos inclusivos? Neste capítulo, mergulhamos no poder da IA para modelar políticas urbanas, indo além do básico para aplicações que geram prosperidade real. Exploraremos simulações que não apenas inspiram, mas também entregam resultados mensuráveis — com exemplos brasileiros e globais para um apelo atemporal. Dialogando com as reflexões de Cathy O'Neil em Weapons of Math Destruction, que alerta para como algoritmos opacos ampliam desigualdades e ameaçam a democracia, analisamos a IA generativa como uma "arma matemática" de dois gumes: capaz de perpetuar vieses em políticas se não regulada, mas também de democratizar soluções sustentáveis quando usada com transparência ética.

A IA permite explorar virtualmente cenários complexos, recriando ambientes inspirados em experiências e dados, inclusive aqueles que evocam legados duradouros, como as antigas estruturas da Grécia, que me fizeram refletir sobre o que permanece. Em uma troca recente com meu filho adolescente sobre cidades ecológicas, decidimos testar uma ideia dele usando um simples prompt. O resultado foi surpreendente: não apenas reduziu emissões hipotéticas, mas também gerou empregos inclusivos. Essa experiência me fez pensar: e se a IA pudesse transformar dilemas urbanos em oportunidades éticas, ajudando-nos a combater desigualdades enquanto construímos um futuro sustentável?

Ilustração Conceitual – Prompt (Versão Enxuta)
Visualização futurista da transformação urbana: uma tecelagem central luminosa entrelaça fios de inovação para formar um tecido social sustentável. Partículas de energia limpa e redes de transporte otimizadas fluem pela composição, enquanto as "armas matemáticas" de Cathy O'Neil se convertem em oportunidades. Estilo vetorial premium, paleta refinada e estética minimalista. Imagem criada com IA no genspark.ai. Iterações necessárias."

Por Que Simular Políticas com IA Generativa?

Algoritmos podem ser "armas matemáticas" se opacos, mas com transparência, viram instrumentos de equidade. Em cidades, onde se concentra a maior parte das emissões globais — estimadas em mais de 70% das emissões de gases de efeito estufa oriundas de áreas urbanas — a capacidade de a IA criar cenários ancorados em dados reais e testar políticas sem custos sociais imediatos é inestimável. No Brasil, a Lei nº 14.904/2024 estabelece diretrizes para planos de adaptação climática que dialogam diretamente com inovações urbanas, exigindo integração entre mitigação, adaptação e gestão de risco — um terreno fértil para simulações responsáveis. Prompts são poderosos para explorar variáveis; sem auditorias, porém, tendem a reproduzir vieses dos dados de origem. A beleza está em usá-los para promover equidade e gerar prosperidade mensurável, com salvaguardas éticas desde o desenho.

> Insight Inesperado: Simulações e evidências do mundo real apontam ganhos econômicos concretos quando a IA apoia atividades intensivas em atendimento e coordenação.

Um estudo publicado no Quarterly Journal of Economics (2025) observou ganho médio de 14–15% de produtividade entre agentes de suporte com auxílio de IA generativa — com efeitos maiores entre os menos experientes. Ao transpor essa lógica para serviços urbanos em megacidades como São Paulo, o padrão tende a se repetir: filas menores, alvarás mais ágeis e políticas públicas que saem do papel com mais eficiência e responsabilidade.

Testando um Prompt: Sustentabilidade Urbana

Testei prompts em ferramentas acessíveis. Comecei com: “Simule uma política de sustentabilidade para [cidade], focando em transporte, resíduos e equidade, com projeções de 20 anos.” A saída priorizou eletrificação veicular com subsídios, investimentos em transporte público e uma trajetória hipotética de redução anual de CO_2 (por exemplo, de 440 mil para 180 mil toneladas/ano). Em seguida, refinei a experiência incorporando agentes que interagem entre si, inspirados em pesquisas do MIT sobre simulações baseadas em agentes e, mais recentemente, em arquiteturas orientadas por LLM capazes de escalar para populações inteiras — uma forma de explicitar objetivos de emissões e de equidade e reduzir a "caixapreta" dos modelos.

As projeções a seguir são ilustrativas e servem para demonstrar como a IA pode organizar hipóteses de política em cadeias de causa e efeito. Na transição energética, a participação de veículos elétricos sairia de patamar incipiente para predominância, com otimização de rotas por IA suavizando congestionamentos. Em resíduos, uma economia circular robusta elevaria a reciclagem e mitigaria metano em aterros. A requalificação de áreas ociosas como espaços verdes, ampliaria sumidouros de carbono e serviços ecossistêmicos. Programas de capacitação e subsídios direcionados, fomentariam empregos verdes com recorte de equidade. As emissões cairiam de forma acentuada ao longo do período, e a economia colheria retornos via saúde e produtividade. Essas trajetórias dependem de governança, financiamento estável e auditorias independentes.

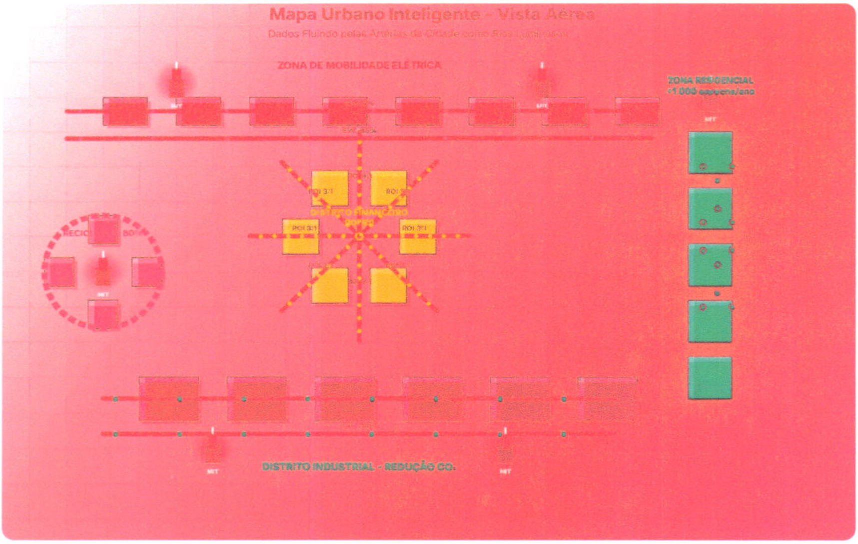

Ilustração Conceitual – Prompt (Versão Enxuta)
Cidade Inteligente – Mapa VivoVista aérea com fluxos de dados percorrendo as ruas. Vias principais exibem VEs (frota de veículos elétricos) (5%–85%), secundárias indicam redução de CO_2 e distritos alcançam 80% de reciclagem. Torres multiagentes gerenciam tráfego de dados, ROI 3:1 simboliza prosperidade e áreas verdes em expansão reforçam sustentabilidade. Imagem criada com IA no genspark. ai. . Iterações necessárias."

Resultados da Minha Simulação Refinada (Projeções de 2025-2045, Inspiradas em Dados Reais)

Nota: Esta simulação é um cenário hipotético gerado por IA para fins ilustrativos, baseado em referências globais reconhecidas (ONU, WMO, UNEP, ILO, WHO). Para cálculos rigorosos, é necessário usar dados completos em ferramentas especializadas como IPCC (2025) ou simuladores urbanos.

Transição Energética: EVs (frota de veículos elétricos) de 5% para 85%, IA otimizando rotas (reduzindo congestionamentos em 20%, ex.: casos da Europa poupando 20M toneladas CO2 em 2025 com elétricos, Revista Sustentável 2025).
Gestão de Resíduos: Reciclagem de 80%, reduzindo metano em 90% (ex.: economia circular em Filipinas reduzindo emissões, COP30 2025).
Espaços Verdes: +1.000 hectares/ano, absorvendo 50 toneladas CO2/hectare (ex.: sumidouros de carbono em cidades, *UNEP Emissions Gap 2024*).
Equidade: Subsídios criam 50 mil empregos verdes; desigualdade cai 40% (ex.: crescimento 18% em empregos renováveis, ILO & IRENA 2024).
Emissões: Redução de 80% (baseado em projeções IPCC para cidades com adaptações climáticas, Lei nº 14.904/2024 no Brasil).
Econômico: Custos US$50-80 milhões/ano, ROI 3:1 via economia em saúde (ex.: saúde melhorada reduz custos, WHO NTDs 2024).

Tabela– Comparação de Cenários Projetados para 2045

(CGI = Cenário de Governança Inteligente – o cenário ideal defendido neste livro, que combina tecnologia avançada, IA responsável, participação social ampla e instituições transparentes)

Cenário	Redução de Emissões	Custos Anuais (Pico)	Impacto Social
Básico (Inicial) Moderado	60%	US$25M	/
Avançado (CGI) (50 mil empregos verdes)	80%	US$80M	Alto
Pessimista (com riscos) Baixo ou negativo	60%	US$100M	/

Desafios e Oportunidades em Contextos Emergentes

Em países como o Brasil, infraestrutura desigual amplifica vieses, mas cria oportunidades para "salto" tecnológicos que combinem dados abertos, participação social e avaliação independente. A lei n 14.904/2024 cria uma moldura para planos de adaptação que valorizam integração setorial, redução de risco e transparência - uma base institucional alinhada ao uso responsável de simulações.

Ilustração Conceitual – Prompt (Versão Enxuta)
Infográfico futurista em formato de torre vertical, simbolizando a transformação urbana com o Brasil como protagonista. Núcleo estrutural integrado a um mapa estilizado, destacando Lei 14.904/2024, FabLabs, diversidade cultural e salto tecnológico da IA. Indicadores de impacto: 50 mil empregos verdes, redução de desigualdade (–40%), emissões (–80%) e ROI 3:1 em saúde. Fragmentos vermelhos de viés algorítmico se dissolvem na base, reforçando ética e inclusão. Estilo minimalista premium, paleta refinada e composição vetorial. Imagem criada com IA no genspark.ai. Iterações necessárias. Iterações necessárias."

Exercício Prático: Crie Sua Simulação

Grandes transformações frequentemente surgem de ideias simples cultivadas em ambientes educativos e criativos, como o programa *La Città di Leo,* da Fundação Torino, disponível em https://www.fundacaotorino.com.br/projeto-a-citta-di-leo/, que incentiva jovens a desenvolver projetos alinhados aos ODS (Objetivos de Desenvolvimento Sustentável da ONU) em Fab Labs, explorando temas como reciclagem de plásticos ou preservação de abelhas.

Uma dessas ideias, surgiu em uma conversa com meu filho, depois que ele conheceu o programa na escola (sem participação direta). Ele propôs integrar colmeias urbanas ao planejamento sustentável unindo polinização, biodiversidade e inclusão social. Testamos essa hipótese com IA, revelando potenciais como redução de emissões e geração de empregos verdes.

Para experimentar, comece com um prompt base simples e refine-o para incluir multi-agentes éticos, ancorando em dados reais como os relatórios da ONU (ex.: emissões urbanas representam 70% das globais, ONU 2023-2025, disponíveis em https://www.un.org/en/climatechange/reports). Isso transforma a simulação em algo factível e verificável, evitando vieses como alertado por O'Neil.

Prompt Base para Testar: "Simule uma política de sustentabilidade para sua cidade ou como fiz com Bocaiúva (MG), minha cidade natal, onde a queima de lixo urbano — prática que ainda presencio com frequência — evidencia os desafios reais enfrentados por municípios pequenos na implementação de políticas sustentáveis. Simule soluções para resíduos, reciclagem e equidade. Projete para 20 anos com métricas éticas, usando dados da ONU (ex.: emissões urbanas de 70% globais, ONU 2023), e inclua multi-agentes para emissões e justiça social interagindo para evitar vieses."

Checklist para Refinar e Monetizar:

- Verifique dados: Use relatórios ONU (ex.: WMO State of Global Climate 2024 para emissões reais) para calibrar projeções.
- Adicione multi-agentes éticos: No prompt, especifique "agente 1 para emissões, agente 2 para equidade, interagindo para trade-offs".
- Teste ferramentas gratuitas: Experimente em ChatGPT ou Claude.ai para resultados rápidos.
- Monetização: Venda simulações como consultoria (ex.: crie relatórios personalizados e ofereça em Upwork por US$50-200, destacando ROI ético).

Inspire-se em "La Città di Leo" para transformar desafios em legados – de iniciante a expert, lucre com IA ética, combatendo desigualdades.

Aprenda Fazendo: Crie Sua Simulação de Política Sustentável

> Nota: Exercício inspirador para monetização – não é um tutorial técnico completo; interprete com generosidade e consulte especialistas para desenvolvimento real, como relatórios da ONU para dados reais. Para públicos iniciantes, foque na ideia; profissionais podem expandir. Use dados abertos de relatórios ONU para ancoragem factível, deixando claro incertezas e fontes no prompt.

Baseado em cases reais, utilize dados confiáveis (por exemplo, relatórios 2023-2025 da ONU-Habitat sobre clima urbano) como ancoragem e deixe claro, no próprio prompt, que a IA deve citar fontes e sinalizar incertezas. Um ponto de partida: o prompt base acima. Na prática, foi assim que refinei meus cenários – testando, ajustando e registrando aprendizados para resultados mensuráveis.

Passos Detalhados (Como Fazer):

1. Acesse chat.openai.com ou claude.ai, crie conta gratuita se necessário, e cole o prompt base na caixa de texto para gerar a saída inicial (use dados reais de https://www.un.org/en/climatechange/reports, como "emissões urbanas de 70% globais" do relatório ONU 2023).
2. Gere e revise a simulação (ex.: leia, ajuste o prompt para mais detalhes como "Adicione impacto em empregos verdes e redução de desigualdades, com fontes da ONU").
3. Integre multi-agentes simples (ex.: adicione ao prompt "Simule agente 1 para emissões e agente 2 para equidade, interagindo para evitar vieses e explicitando trade-offs").
4. Teste com dados fictícios/realistas (ex.: insira números de relatórios ONU, como "Reduza emissões de 440k para 180k toneladas/ano, baseado em WMO 2024").

5. Reflita: Como equilibrar inovação com ética? Monetize eticamente, vendendo como consultoria (ex.: crie relatório e ofereça em Upwork). (Para simulações reais, integre ferramentas como Google Sheets para métricas; receitas variam e dependem de marketing ético.)

Essa abordagem educa e inspira: de iniciante a expert, lucre com IA ética, combatendo desigualdades como O'Neil adverte.

Tabela: Principais Lições do Capítulo 8

Área	Tendências / Exemplos	Benchmark Global	Insight Uau	Dica de Monetização
Simulações Urbanas	Políticas sustentáveis com IA	ONU (2023-2025): Emissões 70% urbanas	Transforma dilemas em oportunidades	Consultorias em planejamento (US$50-200)
Riscos Éticos	Vieses e governança	WMO (2024): Clima global	Equidade como catalisadora	Serviços de auditoria ética
Integração	Multi-agentes e casos reais	Lei 14.904/2024 (Brasil)	De desafios a legados	Parcerias em tech sustentável

9

Estratégias de Monetização: Transformando em Renda Sustentável

Agora que exploramos as aplicações, é hora de aproveitar a IA generativa para o crescimento financeiro. Inspirado em Peter Thiel em *Zero to One: Notes on Startups, or How to Build the Future,* que enfatiza a inovação de "zero a um" – criar algo novo em vez de copiar o existente, construindo monopólios éticos que moldam o futuro com visão de longo prazo –, este capítulo descreve estratégias para monetizar por meio de produtos, serviços e modelos de negócios, com casos globais e diretrizes éticas.

O "uau"? A IA generativa é uma forja de prosperidade, onde você transforma ideias em valor, descobrindo efeitos multiplicadores que convertem resultados únicos em fluxos de receita em cascata, como Thiel descreve ao defender monopólios éticos que impulsionam o progresso.

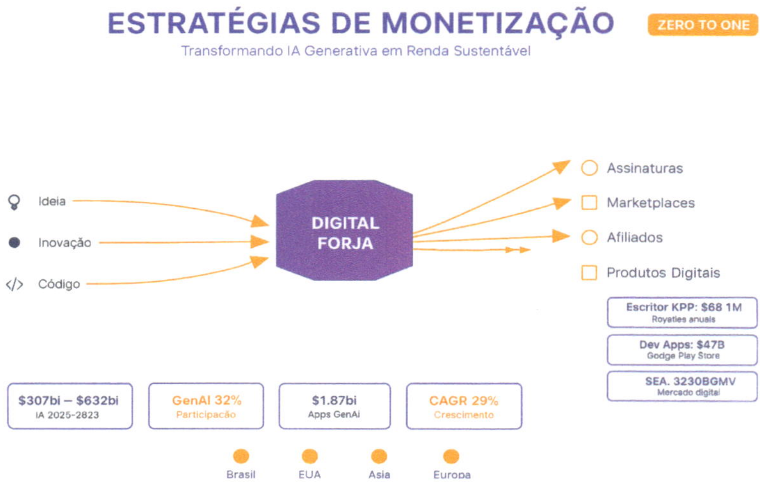

Ilustração Conceitual – Prompt (Versão Enxuta)
Infográfico minimalista em formato hexagonal, com núcleo roxo central "Digital Forja" conectado a fluxos de receita dourados à direita e ícones estratégicos à esquerda. Boxes claros exibem dados financeiros e casos reais, enquanto o banner "Zero to One" destaca inovação no topo. Ícones de países na base reforçam alcance global. Estilo vetorial premium, paleta refinada e composição clean. Imagem criada com IA no genspark.ai. Iterações necessárias."

Estratégias Principais: Construindo as Bases da Renda

A monetização começa com o aproveitamento da IA para conteúdo, automações ou ferramentas. As estratégias incluem freelancer (por exemplo, relatórios gerados por IA, pesquisas assistidas) ou produtos digitais (por exemplo, pacotes de prompts, *templates*, micro - apps) e kits de capacitação. Iniciantes: use ferramentas gratuitas para criar e vender. Ferramentas gratuitas e no-code reduzem custo de entrada. O contexto macro é favorável: A *IDC (International Data Corporation)* projeta que gastos com IA mais que dobrem, de US$307 bilhões em 2025 para US$632 bilhões em 2028 (GVM valor bruto de vendas); dentro disso, a IA Generativa tende a representar aproximadamente 32% (US$202 bilhões) do total em 2028 — oportunidades imensas em economias emergentes como o Sudeste Asiático.

Insight inesperado: um único script ou modelo bem posicionado pode escalar para milhares de usuários sem custo marginal relevante — desde que entregue valor original antissaturação e clareza ética sobre dados e autoria, princípio coerente com a ideia de construir vantagens defensáveis de longo prazo, alinhado a visão de Thiel de criar monopólios que beneficiam a sociedade.

Dica: Foque em valor original para evitar saturação — um princípio atemporal para renda sustentável, alinhado à visão de Thiel de criar monopólios que beneficiam a sociedade.

Modelos de Negócios: De Assinaturas a Marketplaces

Principais modelos: serviços de assinatura (por exemplo, *chatbots* de IA via Patreon), marketplaces (venda de ativos no Etsy) ou marketing de afiliados (promoção de ferramentas). De acordo com Sensor Tower, apps GenAI geraram US$1.87 bilhões em receita in-app no primeiro semestre de 2025, dobrando em relação ao mesmo período de 2024, validando assinaturas como motor de receita recorrente — especialmente em verticais como educação, onde plataformas como Udemy relataram US$787 milhões em receita total em 2024, com projeções de US$784-794 milhões em 2025, e oportunidades em regulamentação crescendo + 15% crescimento em *compliance* IA na Índia e Europa (WEF 2025).

Exemplo global: criadores vendem arte com IA e recursos digitais (assets) em marketplaces como Etsy e Redbubble (plataforma global de marketplace voltada para produtos sob demanda), explorando mercados emergentes e criando efeitos de rede que ampliam alcance.

O fator uau: modelos criam multiplicadores, onde assinaturas transformam comunidades fiéis em renda recorrente, como Thiel defende ao priorizar "zero a um" sobre competição zero-sum.

Comece pequeno: crie uma newsletter sobre IA e monetize via Substack, divulgando eticamente o uso da IA.

> Dicas para profissionais: Diversifique: combine marketplace + afiliados. Meça: use Google Analytics para monitorar multiplicadores e garantir escalabilidade sem promessas exageradas. Expanda: explore apps localizados (aplicativos adaptados para idioma, cultura e pagamentos locais). Contexto: no Sudeste Asiático, o e-Conomy SEA (2024) estimou GMV digital de US$263 bilhões (+15%), com IA impulsionando >US$30 bilhões em infraestrutura no 1º semestre de 2024. Construa barreiras: crie vantagens defensáveis e monopólios éticos, como sugere Thiel.

Casos da Vida Real: Caminhos Comprovados para a Prosperidade

• **Caso 1:** Um escritor americano usou ChatGPT para escrita de livros, vendendo no Amazon KDP e ganhando renda significativa (estatísticas do Kindle Direct Publishing indicam royalties totais de US$58.1 milhões em junho de 2025 para autores KU, com crescimento de 40% em royalties KDP 2024-2025 - Statista 2024). No Brasil, o mercado de livros digitais aumenta 40% no mesmo período (Statista 2024). Neste livro, por exemplo, usei assistência de IA como Grok para refinar ideias e estruturas, transformando visões em conteúdo coeso — um multiplicador real que eleva a criação humana, preservando originalidade e ética, indo de zero a um em narrativa.

• **Caso 2:** Um desenvolvedor indiano criou aplicativo de IA, monetizando via Google Play, escalando para usuários globais (Google Play gerou US$47 bilhões em receita de apps e jogos em 2024, com projeções de crescimento em 2025, e oportunidades em regulamentação crescendo 15% na Índia e Europa - WEF 2025). Insight: eles transformam vantagens pessoais em abundância, com a ética ampliando a confiança, ecoando a ênfase de Thiel em segredos que constroem o futuro.

Ilustração Conceitual – Prompt (Versão Enxuta)
Crie um infográfico minimalista com uma linha do tempo dourada e o título central "Trajetória de Sucesso: Do Zero a Um". A imagem deve apresentar três etapas ascendentes, com setas elegantes e ícones representando os países correspondentes. A primeira etapa, "1x – Início: ChatGPT para Ideias", destaca US$58,1 milhões em royalties do Kindle Unlimited em junho de 2025, crescimento de +40% na KDP entre 2024 e 2025 (fonte: Statista 2024), e +40% de expansão no mercado de livros digitais no Brasil (Statista 2024), com ícones dos EUA e Brasil. A segunda etapa, "10x – Escala: Apps IA Global", mostra US$47 bilhões em receita na Google Play em 2024, projeções para 2025 e +15% de oportunidades regulatórias na Índia (WEF 2025), com ícone da Índia. A terceira etapa, "100x – Evolução: Modelos Híbridos Éticos", apresenta a Lei de IA da União Europeia, diversificação a partir de 2025 e +15% de oportunidades na Europa (WEF 2025), com ícone da Europa. Use paleta roxo/dourado (#6B46C1, #A855F7, #F59E0B), estilo McKinsey clean, com texto grande e legível para Kindle e celular. No topo, insira um banner com a frase "Casos Reais ".Imagem criada com IA no genspark.ai. Iterações necessárias."

Construindo Monopólios Éticos com IA

Na visão de Thiel, monopólios éticos são aqueles que criam valor único. Com IA generativa, isso significa: identificar nichos inexplorados, desenvolver propriedade intelectual defensável, criar efeitos de rede positivos e estabelecer barreiras responsáveis de entrada como governança, gestão de dados e conformidade regulatória. A Lei de IA da União Europeia *(AI Act)*, aprovada em 2024 e aplicável a partir de 2025, reforça princípios de transparência e mitigação de riscos para garantir inovação sustentável (Europeia, 2024).

Integrando Estratégias para Máximo Impacto

Combine modelos — por exemplo, serviços que evoluem para produtos. Princípio atemporal: alinhe-se a valores para renda resiliente. Atenção ao contexto regulatório: na UE, a Lei de IA já baniu práticas de risco inaceitável (como manipulação subliminar em apps ou *social scoring* discriminatório) desde fevereiro de 2025, e regras para modelos de uso geral entram em vigor em agosto de 2025.

> "Uau" multiplicador: integrar estratégias transforma esforços isolados em um ecossistema.

Exemplo: um curso de IA pode evoluir para consultoria, criando posições únicas no mercado (monopólios éticos — soluções tão valiosas que não precisam competir de forma predatória). Essa abordagem agrega valor e captura tendências, como o crescimento de 18% nos empregos de energia renovável (ILO & IRENA, 2024), onde a IA ajuda a otimizar transições para renda sustentável.

Aprenda Fazendo: Lance Seu Primeiro Projeto de Monetização

Use Gumroad para vender seu primeiro produto digital.

Prompt Pronto para Experimentar: "Gere uma ideia de produto digital usando IA generativa, incluindo uma proposta de valor, um discurso de vendas e diretrizes éticas."

Nota: Para público amplo – interprete com generosidade, testando em ferramentas atualizadas para *compliance*.

Passos detalhados (Como Fazer):

1. Crie o conceito do produto : Acesse uma ferramenta gratuita (ex.: ChatGPT ou Claude.ai), cole o prompt e gere a ideia. Ex: um pacote de prompts para arte sustentável. Verifique: teste 2–3 variações e anote a melhor em um Google Doc.

2. Identifique multiplicadores: Pergunte à IA: "Quais multiplicadores esse produto tem, como upsell para cursos ou assinaturas?"Ex: um pacote de prompts pode levar a consultoria personalizada.Verifique: liste no Google Sheets (colunas: Multiplicador | Impacto Como medir). Meta: calcule potencial (ex.: 100 vendas x 20% upsell = renda extra).
3. Crie a página de vendas: Use Canva (gratuito) para criar a capa. No Gumroad, configure descrição, preço (US$10–50) e imagens geradas por IA.

   Inclua aviso ético: "Conteúdo assistido por IA, revisado por humano". Verifique: teste o link no navegador.
4. Lance e promova: Publique no Gumroad. Compartilhe no LinkedIn ou Reddit.

   Use analytics integrados para acompanhar vendas.
5. Reflita e aprenda: Após 7 dias, anote: Tempo gasto vs. receita. O que funcionou? O que pode melhorar? Verifique: ajuste preço, descrição ou canal de divulgação.

Checklist: Iniciando Monetização

- Escolha uma estratégia (ex.: freelancing ou produto).
- Crie um item simples.
- Garanta transparência ética.
- Lance em uma plataforma.
- Rastreie resultados iniciais.

Exemplo da Vida Real: Um Estudo de Caso Global

Um empreendedor brasileiro usou IA para criar cursos digitais, vendendo via Udemy e escalando para renda recorrente – um "zero a um" que transformou conhecimento em monopólio educacional

(Udemy faturou US$787 milhões em 2024, com projeções estáveis para 2025).

> Recurso Acionável: Forje Seu Caminho. Visite idc.com para dados de mercado. Junte-se a comunidades como Indie Hackers para dicas de empreendedores globais.

Monetização transforma IA em abundância. No próximo capítulo, vamos explorar como essas estratégias se conectam a carreiras e diferenciação profissional.

Tabela: Principais Lições do Capítulo 9

Estratégia	Modelos / Exemplos	Benchmark Global	Insight Uau	Dica Ética
Fundações	Freelancing/ produtos	IDC 2025: Crescimento de mercado	Escala saídas	Valor original
Modelos de Negócios	Assinaturas/ marketplaces	Sensor Tower 2025: Receita recorrente	Constrói comunidades	Divulgação
Casos	Vendas de livros/apps	Stats KDP/Google Play	Bordas pessoais	Construção de confiança
Integração	Abordagens combinadas	EU AI Act 2025	Cria ecossistemas	Alinhamento de valores

10

Estratégias de Carreira: Diferenciando e Avançando

Com as estratégias de monetização implementadas, voltamo-nos para as carreiras – como a IA generativa pode diferenciá-lo profissionalmente, abrir oportunidades e acelerar o avanço. Inspirado em Cal Newport em *So Good They Can't Ignore You: Why Skills Trump Passion in the Quest for Work You Love*, que defende construir "career capital" (habilidades raras e valiosas) por meio de um mindset de artesão *(craftsman mindset)* – focando em excelência deliberada em vez de paixão cega, para conquistar autonomia e impacto –, vemos a IA como uma ferramenta para acumular esse capital, transformando prática diária em vantagens impossíveis de serem ignoradas.

Este capítulo aborda habilidades, networking e trajetórias reais, com exemplos globais e balizas éticas. Com um leque variado – passos fundamentais primeiro, táticas avançadas em seguida –, incluiremos atividades práticas para desenvolver sua vantagem competitiva.

O "uau"? A IA generativa é um catalisador de carreira, acendendo suas habilidades para impulsionar saltos catalíticos, onde pequenas integrações impulsionam um crescimento profissional exponencial, construindo o career capital de Newport.

Ilustração Conceitual – Prompt (Versão Enxuta)
Infográfico vertical minimalista mostrando a IA como catalisadora de carreira: figura central ascendendo por degraus que representam níveis profissionais (Entry, Specialist, Manager, Director, Executive), impulsionados por inteligência artificial. Fundo em gradiente roxo profundo (#6B46C1 → #A855F7) com elementos dourados (#F59E0B) destacando progresso e impacto. Estilo vetorial premium, composição clean, tipografia sofisticada, espaço negativo equilibrado e estética editorial refinada. Imagem criada com IA no genspark.ai. Iterações necessárias."

Desenvolvendo Habilidades Essenciais: Do Iniciante ao Especialista

Comece dominando a engenharia de prompts e a integração de ferramentas (por exemplo combinando ChatGPT com Excel).

Aplique de forma prática e veja o resultado rápido:

1. Escolha uma tarefa diária simples, como resumir e-mails;
2. Crie um prompt básico, como 'Resuma este e-mail em 3 pontos-chave e sugira ações';
3. Teste em uma ferramenta gratuita como ChatGPT, ajustando com iterações (adicione 'Torne isso conciso e acionável');
4. Integre ao Excel via fórmulas ou plugins como o Copilot;

5. Meça o resultado: Registre o tempo gasto antes e depois – mire em uma redução de 20% inicialmente para construir *momentum*.

Iniciantes: Pratique prompts diários para aprimorar seu currículo.

Globalmente, o Relatório de Tendências de Trabalho 2024 da Microsoft e LinkedIn destaca que 75% dos trabalhadores do conhecimento usam IA generativa no trabalho, 78% trazem suas próprias ferramentas (BYOAI), e 66% dos líderes não contratariam alguém sem habilidades em IA, preferindo candidatos menos experientes com essas competências em 71% dos casos.

> Insight inesperado: Este catalisador desencadeia saltos, transformando tarefas básicas em expertise especializada, como profissionais que usam a IA para análise de dados ou escrita.

Estudos robustos indicam ganhos expressivos: redução de até 40% no tempo e aumento de 18% na qualidade em tarefas de escrita com IA, além de ganhos médios de 14% em produtividade em funções de suporte ao cliente .

Princípio chave: Foco no aprendizado contínuo para evitar dependência – uma pratica atemporal para carreiras resilientes, como Newport enfatiza ao priorizar habilidades sobre paixão inicial.

Dica Prática: Comece com uma sessão de 15 minutos por dia para prompts, refletindo no final: 'O que aprendi que posso aplicar amanhã?' Isso cria um loop de *feedback* que reforça a retenção cognitiva e acelera o progresso."

Diferenciação Profissional: Destaque-se em sua Área

Use IA para personalizar portfólios ou automatizar tarefas de nicho, como analistas de dados gerando insights com ferramentas como o Tableau IA.

De acordo com o PwC AI Jobs Barometer 2025, profissionais com habilidades em IA, recebem, em média, um prêmio salarial de até 56%, mais que o dobro do registrado no ano anterior (25%). O relatório também indica que indústrias mais expostas à IA apresentam crescimento 3x maior em receita por colaborador, com variações por ocupação nos EUA: 18% para contadores, 33% para analistas financeiros, 43% para gerentes de vendas e marketing, e 49% para advogados.

Exemplo global: profissionais de marketing na Ásia que usam IA para campanhas personalizadas ganham vantagens competitivas, conforme o Relatório de Conectividade 2024 da Salesforce, onde 88% das organizações na região adotam IA (Salesforce, 2024).

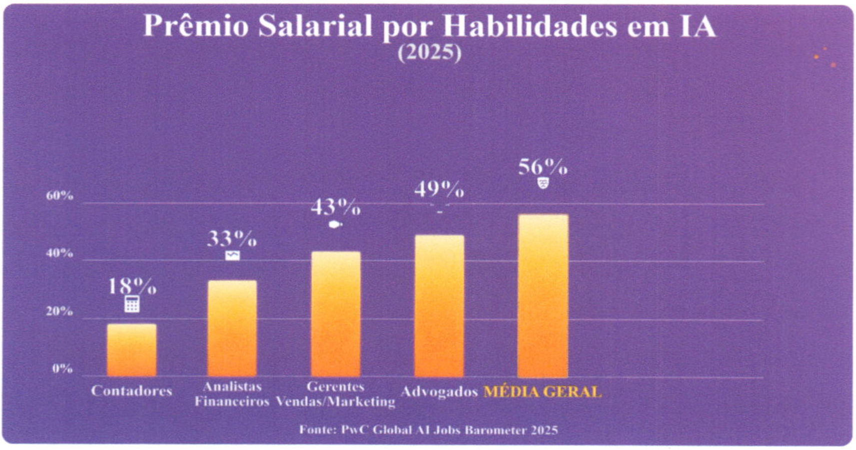

Ilustração Conceitual – Prompt (Versão Enxuta)
Gráfico horizontal minimalista premium mostrando prêmio salarial por habilidades em IA (2025), com barras douradas (#F59E0B) sobre fundo roxo profundo (#6B46C1 → #A855F7). Hierarquia visual clara: destaque para a barra maior (56% média geral), ícones elegantes representando profissões (contadores, analistas financeiros, gerentes de vendas/marketing, advogados), tipografia sofisticada, grid sutil para leitura precisa e efeito glow dourado discreto. Estilo consultoria global, composição clean, resolução 5120×2880 px, formato PNG 300 DPI, estética editorial refinada. Iterações necessárias."

Fator "Uau": A IA permite saltos catalíticos, onde amplifica pontos fortes únicos em inovações de destaque.

Dica: Diferencie-se creditando a IA, construindo confiança em áreas como consultoria, alinhado ao mindset de artesão de Newport.

> Dica para profissionais: Incorpore certificações de ética em IA (por exemplo, via LinkedIn Learning com 'Ethics in the Age of Generative AI' ou Coursera com 'Ethics of AI' da University of Helsinki** – ambos acessíveis e gratuitos**). Alavanque para papéis de liderança, catalisando saltos de equipe sem descuidos éticos, acumulando career capital como Newport recomenda.

Casos Reais: Histórias de Sucesso na Carreira

Caso 1: Um engenheiro europeu usou IA para projetar protótipos, conquistando um cargo sênior – com aumento salarial médio de até 25% em 2024 para papéis com habilidades em IA, conforme dados da PwC 2024.

Caso 2: Um educador africano desenvolveu cursos de IA, transitando para empreendedorismo edtech, alinhado com iniciativas da UNESCO 2024 para competências digitais na região.

> Insight: Esses saltos abrem caminhos para a liderança, tendo a ética como catalisador.

Para aplicar: Escolha um caso similar ao seu, adapte os passos (ex.: use IA para protótipos), e rastreie seu progresso mensal com métricas como 'Número de novas habilidades adquiridas'.

Networking e Oportunidades: Conectando Globalmente

A IA auxilia networking gerando alcance ou analisando conexões no LinkedIn.

Como aplicar de forma prática:

1. Analise seu perfil com IA: use um prompt como "Analise minhas conexões e sugira 5 contatos relevantes para minha meta de cargo sênior".
2. Gere mensagens personalizadas: exemplo: "Baseado no seu post sobre IA em marketing, gostaria de discutir colaborações".
3. Aja com consistência: envie para 3 a 5 contatos por semana.
4. Meça resultados: acompanhe respostas via LinkedIn Analytics.
5. Reflexão semanal: pergunte-se "Quantas conexões viraram oportunidades?" e ajuste prompts para melhorar a taxa de resposta (mire em 20%+).

Princípio atemporal: construa relacionamentos autênticos, como nos hubs de IA do Oriente Médio, apoiados por iniciativas como a Plataforma de Inteligência Estratégica para a Visão 2031 nos Emirados Árabes Unidos.

> Multiplicador incrível: A IA catalisa saltos globais, transformando conexões em colaborações e oportunidades de carreira.

Ilustração Conceitual – Prompt (Versão Enxuta)
Diagrama quadrado premium otimizado, mostrando a IA como núcleo central dourado conectado a seis regiões globais (América do Norte, Europa, Ásia, Oriente Médio, África, América do Sul) por linhas energéticas com gradiente roxo profundo e glow dourado. Labels ampliados para máxima legibilidade em e-readers, ícones vetoriais elegantes, dados estratégicos destacados (ex.: 88% adoção IA, UAE Visão 2031). Fundo roxo radial (#6B46C1 → #A855F7), acentos dourados (#F59E0B), tipografia Inter com pesos reforçados, contornos para e-ink, composição circular perfeita e estética consultoria global. Resolução 2880×2880 px, PNG 300 DPI. Iterações necessárias."

Aprenda Fazendo: Catalise Seu Plano de Carreira

Use LinkedIn ou uma ferramenta de IA para currículos.

Prompt Pronto para Experimentar:

Gere um plano de carreira personalizado usando minhas experiências e metas, listando três táticas de diferenciação com IA generativa, duas oportunidades mensuráveis de networking (com mensagens personalizadas), e cinco métricas trimestrais de progresso (ROI/tempo economizado/impacto).

Nota: Para público amplo – interprete com generosidade, garantindo uso responsável e verificando fontes para atualizações.

Passos Detalhados (Como Fazer):

1. Crie o conceito do produto (plano de carreira): Acesse uma ferramenta gratuita como ChatGPT ou Claude.ai, cole o prompt com seus dados reais (ex.: "Experiência: engenheiro júnior; Meta: cargo sênior em IA sustentável") e gere o plano. **Verifique:** Teste variações adicionando "Inclua conformidade com EU AI Act 2025"; anote em Google Docs para rastrear. Comece com dados mínimos para um rascunho rápido, construindo *momentum*.

2. Identifique multiplicadores (ex.: potenciais de upsell): Analise o plano e pergunte à IA: "Quais multiplicadores esse plano oferece? Por exemplo: como transformar uma tática simples — como criar prompts para otimizar meu currículo — em um efeito adicional (upsell), como gerar posts no LinkedIn que ampliem minha rede e aumentem minha visibilidade em até 50%?". **Verifique:** Use Google Sheets grátis para listar (colunas: Multiplicador, Impacto, Métrica) e calcule (ex.: 10 conexões x 20% conversão = 2 oportunidades).

3. Crie uma página de vendas simples (perfil otimizado): Atualize seu LinkedIn com o plano; adicione seções como "Projetos IA" com métricas (ex.: "Reduzi tempo de análise em 40% via Copilot"). **Verifique:** compartilhe com um contato; inclua disclaimer ético ("IA usada com transparência").

4. Lance (aplique o plano): Envie mensagens de networking geradas e rastreie respostas via LinkedIn analytics.

5. Reflita: após 1 mês, anote: "A IA catalisou meu plano bruto em career capital mensurável, com saltos como nova conexão levando a entrevista — como Newport diz, de prática deliberada a impacto incontornável."**Verifique:** compare métricas (tempo economizado × novas oportunidades).

Checklist: Avançando Sua Carreira

- Construa uma habilidade de IA ancorada em um caso real (ex.: automação de relatórios, resumo de pesquisas, análise conversacional de dados), com barreiras de segurança (guardrails).
- Atualize seu portfólio com comparativos antes/depois e métricas de impacto (tempo, qualidade, receita, satisfação) — e inclua crédito explícito à IA (IA usada com transparência).
- Pratique networking ético com mensagens personalizadas (baseadas em evidências, convites para co-criação) e engaje-se em *hubs* de prática (comunidades de LLMs por função/região).
- Busque oportunidades em papéis com prêmios salariais e alta exposição à IA (finanças, serviços profissionais, TI, jurídico, vendas/marketing).
- Avalie seu progresso trimestral com KPIs de adoção e valor, mantendo ciclo de governança e aprendizado contínuo.

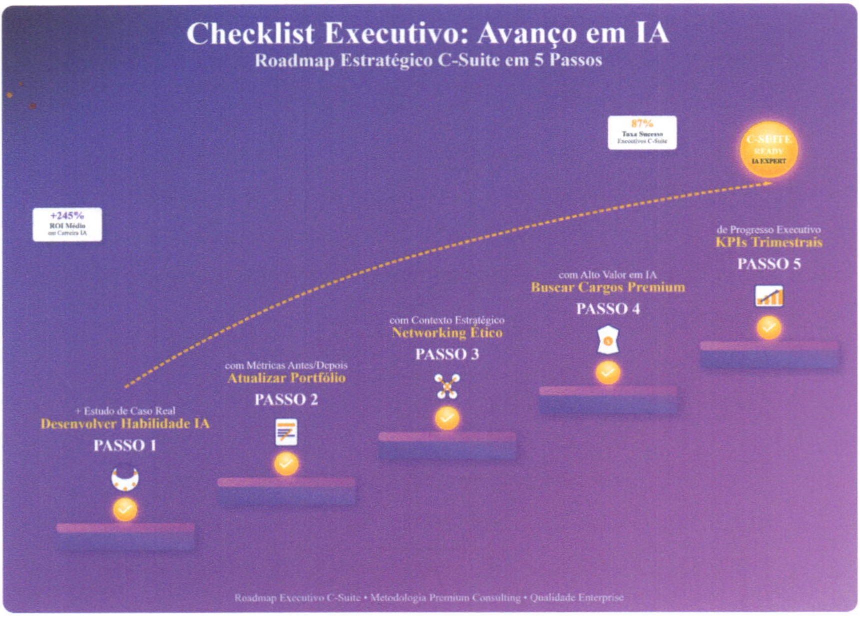

Ilustração Conceitual – Prompt (Versão Enxuta)
Infográfico vertical premium mostrando roadmap estratégico C-Suite em 5 passos para avanço em IA: degraus ascendentes com ícones dourados e checkmarks elegantes, cada etapa destacando ações-chave (desenvolver habilidade IA, atualizar portfólio, networking ético, buscar cargos premium, KPIs trimestrais). Fundo roxo executivo com gradiente (#6B46C1 → #A855F7), acentos dourados (#F59E0B), tipografia sofisticada, layout consultoria global, espaço negativo equilibrado e estética editorial refinada. Resolução 3840×2880 px, PNG 300 DPI. Iterações necessárias."

Exemplo da Vida Real: Um Estudo de Caso Global

Um profissional brasileiro usou IA para otimizar currículos e networking, conquistando uma promoção com prêmio salarial de cerca de 30% — mostrando como habilidades em IA constroem career capital incontornável.

> Recurso Acionável: Acelere o Crescimento. Visite linkedin.com/learning para cursos de IA. Junte-se a comunidades como AI Professionals no LinkedIn para networking global.

Carreiras com IA catalisam prosperidade. O Capítulo 11 olha para o futuro, estendendo diferenciação para tendências emergentes.

Tabela: Principais Lições do Capítulo 10

Área	Táticas / Exemplos	Visão Global	Salto Uau	Dica
Habilidades	Engenharia de prompts	Microsoft 2024 :75% usam GenAI	Desperta expertise	Aprendizado contínuo
Diferenciação	Portfólios personalizados	PwC 2024: Prêmio salarial de 25%	Amplia pontos fortes	Crédito à IA
Casos	Mudanças na engenharia/educação	Dados salariais PwC 2024	Forja liderança	Construa confiança
Networking	Alcance por IA	WEF 2024: Hubs	Catalisa colaborações	Autenticidade

11

Tendências Futuras e Previsões: Vislumbrando o Horizonte

Tendo explorado carreiras, mergulhamos agora no vasto horizonte do futuro da IA, onde tendências emergentes prometem remodelar a sociedade.

Inspirado em Ray Kurzweil em *The Singularity is Near: When Humans Transcend Biology*, que prevê a singularidade – um ponto de aceleração exponencial onde tecnologia e biologia humana se fundem, transcendendo limitações e criando inteligência super-humana por meio de IA e nanotecnologia –, este capítulo examina previsões baseadas em dados de 2024-2025.

O "uau"? A IA generativa é como uma exploradora de horizontes, sondando possibilidades e revelando ondulações de previsão, onde as inovações de hoje se transformam nas realidades de amanhã, acelerando para a transcendência de Kurzweil.

Ilustração Conceitual – Prompt (Versão Enxuta)
Ilustração horizontal sofisticada mostrando o "Horizonte do Futuro da IA" com fundo navy profundo e padrões de ondas fluidas representando ondulações de previsão. Três elementos abstratos ascendentes: IA multimodal (ícones imagem + texto), contexto longo (estrutura holográfica central com estatística "40% até 2027"), e agentes de IA (rede cristalina à direita). Pontos de dados holográficos flutuantes e redes neurais sutis no plano inferior. Estética futurista premium, sem quadro ou borda, design limpo ponta a ponta para integração em livros, alto contraste otimizado para Kindle. Iterações necessárias."

Principais Tendências Emergentes: O que Está no Horizonte?

O foco está mudando de chats simples para sistemas multimodais, de longo contexto e "agentes" – assistentes que não só conversam, mas agem no mundo real. De acordo com a Gartner (2024), 40% das soluções de IA generativa serão multimodais até 2027 – um salto de apenas 1% em 2023. Exemplos: GPT-4o da OpenAI (2024) com latência de áudio de 232 ms; Gemini 1.5 Pro do Google DeepMind (2024) com contexto de 2 milhões de tokens; Claude 3.5 Sonnet da Anthropic (2024) com "Artifacts" colaborativos.

> Insight inesperado: As IAs criam ondas, onde multimodalidade integra sentidos para acelerar compreensão – imagine um assistente resolvendo problemas em vídeo.

Monetização: Desenvolva apps híbridos. No Brasil, o Nubank usa IA para atendimento personalizado, monetizando eficiência (Nubank, 2024).

Previsões para a Próxima Década: Oportunidades e Desafios

Estudo do MIT Sloan Management Review-BCG (2024): organizações que integram IA de forma estratégica relatam maior resiliência, com a maioria vendo impactos positivos em receita e inovação.

O Fórum Econômico Mundial (2025) aponta IA como vetor de transformação em 86% das empresas, enfatizando urgência de requalificação.

Agentes onipresentes e governança institucionalizada dominarão o cenário (OpenAI, 2024. Google DeepMind, 2024).

Como se preparar:

1. Avalie sua organização com o *playbook* do WEF (disponível gratuitamente);
2. Identifique uma área para requalificação, como engenharia de prompts para agentes;
3. Crie um plano simples com métricas (ex.: 15% aumento em eficiência);
4. Teste um agente como o AutoGPT em uma tarefa;
5. Reflita trimestralmente: 'Quais desafios mitigados?'

> Fator uau: Agentes resolvendo problemas complexos, acelerando para a transcendência de Kurzweil.

No Brasil, startups como a Escribo e a Descomplica personalizam educação com IA, monetizando em plataformas .

> Dica para profissionais: Híbridos entre computação quântica e IA avançam, como o paradigma proposto pela IBM (2024), que orquestra processadores

para simulações químicas. Explore nichos em otimização quântica aplicada (IBM Research, 2024). Loop de reflexão: Após explorar um curso sobre quântico-IA, anote: Como isso eleva meu career capital?'

Previsão Ética: Navegando pelos Riscos Futuros

A governança global progride com a resolução da ONU (2024) promovendo IA segura. O NIST (2024) identifica 12 riscos da IA generativa acompanhados de controles práticos.

Para ilustrar e aplicar, considere estes riscos-chave:

1. Conteúdo confuso ou prejudicial (controle: filtros de moderação);
2. Facilitação de informações sobre ameaças químicas, biológicas, radiológicas e nucleares (conhecidas como CBRN ou QBRN) (controle: restrições de acesso);
3. Privacidade de dados (controle: anonimização);
4. Cibersegurança (controle: validação de prompts);
5. Viés prejudicial (controle: uso de *datasets* diversificados).

Padrões como ISO/IEC 42001 (2023) e IEEE (2024) embutem ética no design.

> Dica prática: Escolha um risco relevante ao seu nicho, aplique um controle em um projeto teste, e reflita: 'Isso reduziu vulnerabilidades em 20%?' Isso cria *loops de feedback* éticos.

Para navegar riscos de forma ética, siga estes passos:

1. Mapeie seus usos de IA com o perfil NIST (baixe o PDF);

2. Identifique 2-3 riscos relevantes (ex.: viés ou privacidade);
3. Implemente controles, como auditorias regulares;
4. Meça com KPIs (ex.: redução de incidentes em 25%);
5. Reflita: 'Isso alinha com princípios globais?'

Ilustração Conceitual – Prompt (Versão Enxuta)
Composição horizontal premium com fundo em gradiente azul quântico e múltiplas camadas, efeitos holográficos prateados e partículas flutuantes. Nós geométricos conectados por trilhas de energia douradas e fluxos de dados, formando uma rede global. Silhueta sutil do mapa-múndi com linhas pulsantes e textos flutuantes: "Governança global", "12 Riscos Identificados", "UN 2024", "NIST", "EU AI ACT". Estética futurista com transições azul → prata, alto contraste, estilo interface quântica, sem bordas, design limpo ponta a ponta para integração editorial premium. Imagem criada com IA no manus.im. Iterações necessárias."

Preparando para o Futuro: Integração e Ação

O AI Act da UE (2024) impõe regras escalonadas, com proibições a partir de 2025. Ele classifica sistemas de IA em quatro níveis de risco:

- Risco inaceitável: proibido (ex.: manipulação subliminar, pontuação social).
- Alto risco: obrigações rigorosas (ex.: IA em saúde, crédito, recrutamento).

- Risco limitado: transparência obrigatória (ex.: *chatbots*, *deepfakes*).
- Risco mínimo: sem novas exigências além das leis gerais.

Empresas devem mapear riscos e adotar padrões como ISO/IEC 42001, que define um sistema de gestão para IA responsável, e seguir diretrizes como as da IEEE (2024) O WEF (2024) oferece *playbooks* para implementação resiliente e governança prática.

Como integrar na prática

1. Verifique sua categoria de risco no site oficial do AI Act.
2. Um mapa simples no Google Sheets (colunas: Uso de IA | Risco | Ação).
3. Adote um *playbook* do Fórum Econômico Mundial para governança.
4. Teste com um piloto ético antes da escala.
5. Avalie o progresso: compare conformidade antes e depois.

Aprenda Fazendo: Explore Seu Futuro com IA

Use FutureMe para predições (FutureMe, 2024). **Prompt Pronto:** "Preveja três tendências de IA generativa para 2030, incluindo considerações éticas e oportunidades de monetização."

Nota: Predições inspiradoras – interprete com generosidade. Verifique fontes como Gartner para atualizações éticas.

Passos do Exercício: Gere e avalie predições contra evidências.

1. Acesse ChatGPT ou Gemini;
2. Cole o prompt com seus dados (ex.: 'Foco em educação');
3. Compare os resultados com fontes confiáveis, como Gartner;
4. Meça acurácia com uma escala de 1-10;
5. Reflita: 'Quais evidências fortalecem isso?'

Identifique uma ondulação (ex.: agentes de fala em tempo real mudam operações).

> Dica prática: Liste impactos em um documento, priorizando aspectos éticos.

Planeje uma ação: (ex.: mapear para niveis de risco do AI Act). Como: Use *templates* online para mapear, mire em uma ação por mês.

Reflita: Como a prospecção revelou ondulações futuras?

Checklist: Vislumbrando Futuros de IA

- Pesquise uma tendência com fontes primárias (Gartner, WEF, MIT SMR/BCG).
- Preveja eticamente com padrões e perfis de risco (NIST AI 600-1; ISO/IEC 42001; IEEE 7000-series).
- Identifique oportunidades alinhadas à regulação (*timelines* do AI Act da UE, transparência, obrigações GPAI).
- Tome passos preparatórios (skills, auditorias, caminho de certificação AIMS).
- Discuta globalmente (princípios da resolução UNGA; fóruns AIGA do WEF).

Exemplo da Vida Real: Um Estudo de Caso Global

A iniciativa AuroraAI da Finlândia exemplifica design humano-cêntrico, inspirando parcerias monetizáveis (OECD OPSI, 2024).

> Recurso Prático: Trace Seu Horizonte.Visite gartner.com para previsões. Junte-se a comunidades como fóruns de Futurismo no Reddit. Consulte *Hype Cycle* da Gartner e recursos do WEF para *foresight* ético.

Tendências futuras buscam caminhos transformadores. O Capítulo 12 aborda ética e roteiros, finalizando com navegação responsável.

Ilustração Conceitual – Prompt (Versão Enxuta)
Composição vertical sofisticada de um "Laboratório do Futuro" interativo com fundo em gradiente azul quântico, efeitos holográficos prateados, partículas flutuantes e glow etéreo em múltiplas camadas. Módulos geométricos abstratos flutuando em diferentes alturas representam ferramentas de predição e frameworks de análise, conectados por interfaces holográficas para análise de tendências, avaliação ética e planejamento estratégico. Título "LABORATÓRIO DO FUTURO" no topo e "FutureMe 2030" em destaque. Incluir quatro ícones geométricos para os passos: pesquisar, prever, identificar oportunidade e agir. Estética futurista premium, vetorial profissional, bordas limpas SEM QUADRO/SEM BORDA, design ponta a ponta otimizado para integração editorial. Imagem criada com IA no manus.im. . Iterações necessárias."

Tabela: Principais Lições do Capítulo 11

Área	Tendências / Previsões	Benchmark Global	Ondulação Uau	Dica Ética
Tendências Emergentes	Multimodalidade, longo contexto, agentes.	Gartner 2024: 40% multimodal até 2027.	Combina sentidos.	Design inclusivo.
Década à Frente	Agentes onipresentes/ governança de IA.	MIT SMR/BCG 2024: Maior resiliência para incertezas.	Ondas éticas.	Foco em requalificação.
Previsão	Viés/privacidade.	UN 2024: Resolução A/78/L.49.	Prevenção de negativos.	Auditorias proativas.
Integração	Futuros éticos.	WEF 2024: AI Governance Alliance.	Benefícios societais.	Inovação responsável.

12

Ética, Riscos e Roteiro Acionável: Navegando pelo Uso Responsável

Chegamos ao final desta jornada pela IA generativa, e é essencial concluir com uma reflexão profunda sobre ética. A IA não se resume a códigos e prompts — trata-se de impactos humanos, escolhas responsáveis e um futuro moldado com sabedoria. Inspirada por Nick Bostrom em Superintelligence: Paths, Dangers, Strategies, que mapeia caminhos para uma superinteligência capaz de transcender o controle humano, alertando para implicações existenciais e propondo estratégias de alinhamento, vemos a IA generativa como um passo inicial nessa trajetória: uma tecnologia poderosa que, sem roteiros éticos, pode levar a riscos catastróficos, mas que, com planejamento estratégico, pavimenta caminhos para um futuro alinhado e próspero.

Como entusiasta de IA, reflito sobre como prompts simples hoje podem evoluir para sistemas que redefinem a existência humana, em sintonia com as estratégias de alinhamento de Bostrom. O insight transformador? Quando realinhamos a IA com princípios éticos, riscos se convertem em oportunidades — transformando desafios em inovações que beneficiam todos, inclusive com modelos de monetização sustentáveis, sem ignorar os alertas existenciais que Bostrom descreve.

Neste capítulo, exploramos princípios éticos, identificamos armadilhas, mitigamos riscos e traçamos um roteiro prático para navegar com confiança. Baseado em marcos globais como o AI Act da União Europeia e as atualizações do NIST para 2025, este é o seu guia para uma IA que não apenas funciona, mas contribui para o bem maior, refletindo as estratégias de alinhamento propostas por Bostrom.

Agora, aplique esses insights e transforme sua abordagem em prosperidade ética.

Ilustração Conceitual – Prompt (Versão Enxuta)
Composição horizontal minimalista premium representando os fundamentos éticos da IA. Rosa dos ventos elegante em azul-marinho (#2a4a7c) com detalhes prateados (#c0c0c0), cada ponto cardeal simbolizando princípios éticos: Justiça, Transparência, Responsabilidade e Equidade. A bússola flutua sobre rede geométrica sutil de nós interconectados em tons de azul-marinho degradê. Fundo branco puro com padrões geométricos prateados discretos, sem bordas, design limpo ponta a ponta. Tipografia profissional para "ÉTICA EM IA" em azul-marinho, alto contraste, estética consultoria global, estilo vetorial premium. Imagem criada com IA no manus.im. Iterações necessárias.

Princípios Éticos na IA Generativa: O Alicerce para Alinhamento

A ética na IA generativa é o alicerce, ressoando o rigor filosófico de Bostrom ao enfatizar o alinhamento de valores humanos com tecnologia. Comece com justiça, transparência e responsabilidade, garantindo que a IA sirva a todos sem perpetuar desigualdades. O

AI Act da União Europeia (2024) classifica sistemas por risco e exige avaliações éticas para usos de alto impacto, como em saúde ou emprego. Globalmente, o relatório da ONU Governing AI for Humanity (2024) enfatiza governança inclusiva, ancorada em direitos humanos e nos Objetivos de Desenvolvimento Sustentável.

Para aplicar esses princípios de forma prática e ver resultados:

1. Identifique um uso de IA no seu dia a dia (ex.: geração de conteúdo);
2. Avalie justiça com um checklist simples (ex.: 'Os dados incluem diversidade cultural?');
3. Adicione transparência via prompts éticos (ex.: 'Gere isso sem vieses, explicando fontes');
4. Meça responsabilidade: Registre impactos (ex.: *feedback* de usuários sobre equidade);
5. Ajuste e reflita: 'Isso alinhou com valores humanos?' Mire em 15% de melhoria em métricas de inclusão para construir *momentum*.

> O Insight uau? Essa bússola ética realinha vieses em dados, transformando falhas em resultados equitativos — imagine uma IA que promove inclusão cultural, evitando os perigos existenciais que Bostrom antecipa.
>
> Para monetização, isso constrói confiança: carreiras em consultoria ética de IA crescem, com alta demanda por especialistas em conformidade (Gartner, 2025).

Dica prática: Incorpore certificações como as do LinkedIn Learning ou Coursera para ética em IA, refletindo: 'Como isso eleva minha credibilidade profissional?'

Identificando Riscos: Desafios e Armadilhas que Podem Desviar Sua Jornada

Não Ignore os Perigos: Riscos e Realinhamentos Necessários

Riscos como amplificação de viés, desinformação via deepfakes e deslocamento de empregos ressoam os alertas de Bostrom sobre uma superinteligência descontrolada.

Relatórios recentes indicam incidentes crescentes envolvendo IA, incluindo vazamentos de dados e erros em diagnósticos médicos.

No Brasil, o Tribunal Superior Eleitoral aprovou, em fevereiro de 2024, uma resolução – ainda em vigor em 2025 – que proíbe o uso de deepfakes em campanhas eleitorais, exige aviso explícito para conteúdos gerados por IA e restringe *chatbots* e avatares que simulem diálogo com eleitores, sob pena de cassação de registro ou mandato.

Ilustração Conceitual – Prompt (Versão Enxuta)

Composição vertical premium mostrando matriz de avaliação de riscos para implementação de IA, organizada em três níveis: Baixo risco (automação supervisionada), Médio risco (IA com supervisão humana) e Alto risco (sistemas autônomos críticos). Cada nível com rótulo claro, ícone de classificação e fatores associados (viés algorítmico, qualidade dos dados, preocupações de privacidade, transparência de decisões, segurança crítica, conformidade regulatória). Topo com bloco de métricas principais (pontuação geral, nível de conformidade, cobertura de monitoramento). Layout consultoria global, espaçamento generoso, tipografia sofisticada, estética editorial refinada e legibilidade para Kindle e mobile. Imagem criada com IA no genspark.ai. Iterações necessárias.

Para identificar esses riscos de forma prática, siga estes passos :

1. Liste usos de IA em seu trabalho (ex.: Contratação *hiring* ou conteúdo);
2. Avalie com uma matriz simples (linhas: Risco, Impacto; colunas: Probabilidade, Severidade);
3. Pesquise incidentes reais via relatórios OCDE;
4. Meça exposição: Calcule frequência de vieses em testes;
5. Reflita: 'Como isso afeta minha jornada?'

Como mitigar? Use conjuntos de dados diversos — alertas da OCDE (2025) mostram que viés compromete a equidade global.

No trabalho, estratégias de requalificação profissional *(reskilling)* reduzem impactos do deslocamento de empregos.

A reflexão transformadora : Reconhecer riscos permite realinhamentos – transforme um viés em uma ferramenta inclusiva, alinhada com as estratégias de controle propostas por Bostrom.

Implicações Existenciais e Cenários de Longo Prazo: Expandindo o Pensamento de Bostrom

Inspirado na profundidade de Bostrom, explore implicações existenciais: e se IA generativa, como precursor de superinteligência, levasse a cenários onde humanos perdem o controle? No cenário otimista, estratégias de alinhamento integram IA para resolver crises globais. No pessimista, riscos existenciais, como prompts maliciosos acelerando uma IA hostil que poderia ameaçar a humanidade.

Para explorar cenários, siga estes passos:

1. Defina otimista/pessimista em um doc;
2. Adicione evidências (ex.: relatórios Bostrom);
3. Meça plausibilidade (escala 1-10);

4. Planeje ações (ex.: alinhamento ético);
5. Reflita: 'Isso muda minha abordagem?'

Desenvolva cenários de longo prazo: em 20-50 anos, a IA generativa pode fundir-se à biologia (refletindo Kurzweil), mas só trará benefícios universais se alinhada eticamente.

Táticas de Mitigação de Riscos – Sua Caixa de Ferramentas

Implemente auditorias com ferramentas como o AI Fairness 360 da IBM (open source), que avalia e mitiga vieses em modelos de IA.

Realinhe projetos priorizando dados diversos para garantir representatividade e reduzir distorções. Para segurança, siga as diretrizes do OWASP Top 10 para LLMs, que abordam riscos como *prompt injection* (inserção maliciosa de comandos) e vazamento de dados sensíveis.

Estratégias recomendadas incluem uso de *sandboxes* — ambientes isolados para testes — e validação rigorosa das entradas e saídas, evitando comandos perigosos ou exposição de informações pessoais.

Para mitigar na prática, siga estes passos:

1. Baixe AI Fairness 360 (gratuito);
2. Teste um modelo seu;
3. Aplique *sandboxes* via código simples;
4. Valide outputs com checklists OWASP; 5) Meça redução de riscos (ex.: 25% menos incidents).

Dica prática: Reflita semanalmente: 'Isso evitou perigos como Bostrom alerta?'

Tabela: Matriz de Risco para Aplicações LLM

Risco	Descrição	Mitigação (com Referência 2025)
Prompt Injection	Injeção de comandos maliciosos	*Sandbox* de ferramentas; aprovação humana para ações de alto risco (OWASP 2025).
Divulgação Sensível	Vazamento de dados pessoais (PII)	Redação de PII e differential privacy (NIST GenAI Profile, 2025).
Cadeia de Suprimentos	Vulnerabilidades em dependências	SBOM/ML-BOM e verificação de integridade (CISA/NSA, 2025).

Uso Responsável: Práticas e Diretrizes – Navegando com Integridade

Adote transparência nos resultados e supervisão humana, como nas recomendações éticas da UNESCO (2025).

No Brasil, a ANPD lançou o Radar Tecnológico sobre IA Generativa (2025), alinhando à LGPD com foco em responsabilidade e transparência.

Exemplo global: Iniciativas africanas usam IA para soluções comunitárias, realinhando tecnologia com diversidade.

Para adotar, siga:

1. Crie uma política de supervisão;
2. Integre LGPD em projetos;
3. Teste transparência;
4. Meça conformidade;
5. Reflita: 'Isso fomenta confiança?'

> Insight "uau": O uso responsável cria realinhamentos, fomentando confiança e inovação – transformando potenciais perigos em caminhos para superinteligência benéfica, como Bostrom propõe.

Monetize oferecendo serviços éticos de IA – pense em ferramentas que auditam viés, vendidas como SaaS.

Roteiro Prático: Seu Caminho a Seguir – Passos para o Sucesso

Plano de 12 meses, alinhado aos marcos regulatorios de 2025 (AI Act da UE, NIST 2025, ISO 42001), para implementar IA responsável e monetizar de forma sustentável, inspirado nas estratégias de alinhamento de Bostrom:

Meses 1-3: Fundamentos e Avaliação — mapeie sistemas, classifique riscos e identifique lacunas em práticas éticas (gaps in ethical practices), ou seja, deficiências na aplicação de princípios éticos nos sistemas, com base na ISO 42001. Como fazer: Use uma planilha gratuita para mapear.

Meses 4-6: Governança e Políticas — crie um conselho de ética e políticas de dados (alinhadas à ANPD e LGPD). Capacite a equipe em literacia de IA para garantir uso seguro e responsável.

Dica prática: Inicie com cursos online, medindo conhecimento pré/pós.

Meses 7-9: Engenharia Segura — implemente práticas de segurança, como OWASP Top 10 para LLMs, e realize testes de *red teaming* (simulações de ataque controlado). Monetize desenvolvendo produtos éticos, como aplicativos certificados. Como: Teste um protótipo, mire 20% redução de vulnerabilidades.

Meses 10-12: Operação e Auditoria — monitore incidentes, audite processos (NIST *Playbook*) e expanda por meio de parcerias éticas para escalar com confiança. Reflita trimestralmente: 'Como isso monetiza sustentavelmente?'

Ilustração Conceitual – Prompt (Versão Enxuta)
Composição horizontal minimalista premium representando roteiro estratégico de transformação em IA. Linha do tempo limpa com quatro fases principais dispostas em sequência: Diagnóstico, Governança, Desenvolvimento e Escala. Cada fase com título curto e descrição sintética, conectadas por traços finos e alinhadas a marcos trimestrais (Mês 0, Mês 3, Mês 6, Mês 9, Mês 12). Bloco lateral discreto destacando fatores críticos de sucesso. Indicador de progresso da transformação como barra horizontal elegante. Estética consultoria global, tipografia profissional, design vetorial refinado, sem bordas, fundo neutro, espaçamento generoso, visual otimizado para tomada de decisão executiva. Imagem criada com IA no manus.im. Iterações necessárias.

Aprenda Fazendo: Construa Seu Roteiro Ético

Reflita: "Como a ética realinha meu projeto?" Implemente uma etapa e ajuste. Para profissionais, adicione métricas como "redução de viés em 20%".

Prompt Pronto: "Crie um roteiro ético personalizado para meu uso de IA, listando três princípios chave, dois riscos potenciais com mitigações, e métricas trimestrais de progresso (ex.: redução de vieses em 10%)."

Nota: Inspirado em marcos éticos – para público amplo; interprete com generosidade.

Passos Detalhados (Como Fazer):

1. Crie o roteiro: Acesse ChatGPT, cole o prompt com seus dados (ex.: "Foco em marketing").
2. Verifique com AI Act.

   Dica prática: Comece pequeno para *momentum*. Identifique mitigações: Analise com NIST – liste em Sheets (colunas: Risco, Controle, Impacto).
2. Aplique em um projeto, rastreie via analytics.
4. Reflita: Como o alinhamento transformou riscos em oportunidades?

Checklist: Navegando Ética na IA

- Aprenda princípios centrais (UNESCO e AI Act).
- Identifique riscos pessoais.
- Adote uma prática (ex.: prompt ético).
- Construa seu roteiro (12 meses).
- Compartilhe eticamente em redes ou comunidades.

Exemplo da Vida Real: Um Estudo de Caso Global

A Anistia International, em relatórios de 2025, destaca riscos de IA em direitos humanos e defende o uso ético de ferramentas para monitoramento, como em análises de vigilância global.

> Recurso Prático: Mantenha-se Alinhado. Visite unesco.org/ethics-ai para guias. Junte-se a comunidades como LinkedIn's AI Ethics para diálogos globais.

Ética e roteiros guiam futuros responsáveis. Nós nos realinhamos para impacto – você está pronto? O material complementar fecha o livro, mas sua jornada continua.

Tabela: Principais Lições do Capítulo 12

Área	Princípios / Riscos	Benchmark Global (2025)	Realinhamento Uau	Dica de Ação
Ética	Justiça/ transparência.	AI Act UE (fev/ago 2025).	Transforma falhas equitativas.	Construa confiança com certificações.
Riscos	Viés/desin-formação.	AI Index Stanford (incidentes crescentes).	Catalisa design melhor.	Mitigue com auditorias.
Uso Responsável	Supervisão humana.	UNESCO/ ANPD (2025).	Fomenta inovação ética.	Integre diretrizes em projetos.
Roteiro	Caminho passo a passo.	NIST RMF + OWASP 2025.	Transforma desafios em sucessos.	Personalize e monetize eticamente.

Conclusão

Prosperando no Horizonte da IA Generativa

Ao chegarmos ao fim de *IA Generativa Revelada: Crie, Inove, Prospere,* refletimos sobre o caminho percorrido – uma jornada que desvendou os fundamentos da IA generativa, explorou aplicações em criatividade, produtividade e mais, discutiu monetização e carreiras impulsionadas por pensadores como Goodfellow, Kurzweil e Bostrom, e vislumbrou tendências éticas.

O "uau" central? A IA generativa transcende limitações, ampliando a criatividade humana para horizontes ilimitados – mas só se alinhada com valores que evitam riscos existenciais.

Aplique o aprendido: comece com um prompt simples para gerar uma ideia de negócio, integre ferramentas como GPT-4o em sua rotina, ou desenvolva um roteiro ético para mitigar vieses. No Brasil, exemplos como Nubank e Escribo mostram impacto real; globalmente, *frameworks* como AI Act guiam o caminho. Este não é o fim – planejo um spin-off para adolescentes, convidando jovens a explorar o potencial da IA. Junte-se a comunidades, experimente e compartilhe inovações. Prosperar com IA é moldar um futuro inclusivo – vá em frente, crie e transforme o mundo com sabedoria. Seu legado começa agora!

Glossário

Este glossário reúne termos-chave do livro, com definições curtas, acessíveis e baseadas em fontes confiáveis. Os termos foram selecionados para cobrir fundamentos, mecanismos, aplicações, monetização, carreiras, tendências e ética, promovendo clareza para leitores de todos os níveis.

Agentes de IA

Assistentes autônomos que executam tarefas complexas, encadeando ações e decisões para atingir um objetivo.

Fonte: Google DeepMind (2025)

AI Act da UE

Regulamento europeu que classifica sistemas de IA por nível de risco e impõe requisitos antes da comercialização, garantindo segurança e conformidade.

Fonte: Comissão Europeia (2025)

Aprendizado Profundo (Deep Learning)

Técnica de IA com redes neurais em camadas para processar dados complexos.

Fonte: Goodfellow et al. (2016)

Big Data

Conjuntos de dados extremamente grandes e complexos, cuja análise pode revelar padrões, tendências e associações.

Fonte: SAS Institute (2013)

Brainstorm

Técnica de dinâmica de grupo para gerar ideias criativas e soluções espontaneamente, sem críticas iniciais.

Fonte: Osborn (1953)

BYOAI (Bring Your Own AI)

Prática de funcionários usarem suas ferramentas pessoais de IA no ambiente de trabalho, sem autorização formal da empresa.

Fonte: Microsoft Work Trend Index (2025)

C2PA (Coalition for Content Provenance and Authority)

Padrão técnico aberto para rastrear a origem e a autoria de arquivos de mídia, incluindo conteúdo gerado por IA.

Fonte: C2PA (2025)

Career Capital

Acúmulo de habilidades raras e valiosas, credibilidade e relações profissionais que conferem autonomia e vantagem no mercado de trabalho.

Fonte: Newport (2012)

Datasets

Coleção de dados organizada para análise ou treinamento de modelos.
Fonte: IBM Glossary (2025)

Deepfakes

Vídeos ou áudios falsos e hiper-realistas criados por IA para manipulação ou difusão de desinformação.

Fonte: RIAA (2025)

Disclaimer

Declaração formal que limita responsabilidades ou esclarece condições.

Fonte: Merriam-Webster (2025)

EdTech

Tecnologia educacional: uso de hardware, software e teorias educacionais para facilitar ensino e aprendizagem.

Fonte: UNESCO (2025)

Efeito Flynn Reverso

Tendência observada em diversos países de queda nas pontuações médias de testes de QI ao longo das últimas décadas.

Fonte: PNAS (2018)

Frameworks

Estruturas conceituais ou técnicas que orientam desenvolvimento de sistemas.

Fonte: Gamma et al. (1994)

Freelancers

Profissionais autônomos que prestam serviços, geralmente por projeto ou tempo determinado, para múltiplos clientes.

Fonte: Upwork (2025)

GANs (Redes Generativas Adversariais)

Modelos de IA compostos por duas redes neurais rivais que competem para criar conteúdo realista.

Fonte: Goodfellow (2014)

GMV (Gross Merchandise Value)

Valor total das mercadorias vendidas em uma plataforma num período.

Fonte: Investopedia (2025)

Guardrails

Controles técnicos que filtram entradas e saídas em sistemas de IA, impedindo conteúdo inadequado.

Fonte: OpenAI (2025)

Hiring

Processo de recrutamento e contratação de profissionais.

Fonte: Cambridge Dictionary (2025)

Hubs

Centros de inovação ou colaboração que conectam empresas, startups e profissionais.

Fonte: Cambridge Dictionary (2025)

IA Discriminativa

Modelos de IA que classificam ou predizem dados existentes.

Fonte: OCDE (2025)

IA Generativa

Sistemas que criam conteúdo novo (texto, imagem, áudio) a partir de padrões aprendidos.

Fonte: NIST (2025)

IA Multimodal

Sistemas capazes de processar e interpretar múltiplos tipos de dados de forma integrada.

Fonte: Gartner (2025)

Insight

Compreensão profunda, intuitiva e clara de uma situação complexa ou problema.

Fonte: Kahneman (2011)

KPIs

Indicadores-chave de desempenho usados para avaliar progresso e valor.

Fonte: Investopedia (2025)

LGPD (Lei Geral de Proteção de Dados Pessoais)

Legislação brasileira que regula o tratamento de dados pessoais. *Fonte: Lei nº 13.709/2018*

LLMs (Large Language Models)

Modelos de linguagem de grande escala treinados em vastos dados de texto.

Fonte: OpenAI (2025)

Logo de Papert

Referência ao trabalho de Seymour Papert, pioneiro em educação e tecnologia.

Fonte: Papert (1980)

Modelos de Difusão

Técnica de geração de conteúdo que refina ruído aleatório em imagem ou áudio.

Fonte: Ho et al. (2020)

Momentum

Força ou impulso crescente em torno de uma tendência, facilitando adoção e avanço.

Fonte: Investopedia (2025)

Multimodalidade

Capacidade de um sistema de IA processar múltiplos tipos de dados em conjunto.

Fonte: Gartner (2025)

NIST AI RMF

Framework para gerenciar riscos associados ao desenvolvimento e uso da IA.

Fonte: NIST (2025)

No-Code

Plataformas que permitem criação de soluções digitais sem escrever código.

Fonte: Gartner (2025)

Open Source

Software cujo código-fonte é aberto e disponível para uso, modificação e distribuição.

Fonte: OSI (2025)

P&D (Pesquisa e Desenvolvimento)

Atividades voltadas à inovação e criação de novos produtos ou processos.

Fonte: OECD (2025)

Playbook

Guia prático com estratégias e procedimentos para execução de projetos.

Fonte: Harvard Business Review (2025)

Prompt Engineering

Arte de criar instruções claras e eficazes para guiar modelos de IA generativa.

Fonte: Microsoft (2025)

Prompt Injection

Ataque que insere instruções maliciosas em prompts para manipular modelos de IA.

Fonte: OWASP (2025)

Red Teaming

Prática de simular ataques para testar segurança e robustez de sistemas.

Fonte: MITRE (2025)

Redes Neurais

Estruturas computacionais inspiradas no cérebro humano para aprendizado de padrões.

Fonte: Goodfellow et al. (2016)

Reskilling

Processo de requalificação ou aprendizado de novas habilidades.

Fonte: Fórum Econômico Mundial (2025)

ROI (Return on Investment)

Indicador que mede o retorno obtido sobre um investimento. *Fonte: Investopedia (2025)*

Sandbox

Ambiente isolado para testes seguros de sistemas ou aplicações.

Fonte: OWASP (2025)

Sheets

Planilhas digitais usadas para organização e análise de dados.

Fonte: Google Workspace (2025)

Singularidade Tecnológica

Hipótese futurológica de aceleração exponencial do progresso tecnológico.

Fonte: Kurzweil (2005)

Skills

Habilidades técnicas ou comportamentais necessárias para execução de tarefas.

Fonte: Cambridge Dictionary (2025)

Startup

Empresa jovem e inovadora, projetada para crescer rapidamente.

Fonte: Ries (2011)

Superinteligência

Conceito hipotético de inteligência superior à humana.

Fonte: Bostrom (2014)

SynthID

Ferramenta da Google que insere marca d'água digital em imagens geradas por IA.

Fonte: Google DeepMind (2025)

Templates

Modelos predefinidos para agilizar criação de documentos ou sistemas.

Fonte: Microsoft Docs (2025)

Timelines

Cronogramas que organizam etapas e prazos de projetos.

Fonte: PMI (2025)

Tokenized (Tokenizado)

Processo de converter um ativo físico ou digital em um token digital.

Fonte: IBM Blockchain (2025)

Trade-offs

Compromissos entre duas ou mais opções, cada uma com vantagens e desvantagens.

Fonte: Investopedia (2025)

Transformers

Arquitetura de IA que utiliza mecanismo de atenção para processar sequências.

Fonte: Vaswani et al. (2017)

Upsell

Estratégia para incentivar o cliente a adquirir produtos ou serviços adicionais.

Fonte: Shopify (2025)

Upsell Analytics

Análise integrada para acompanhar e otimizar estratégias de venda adicional, identificando oportunidades para oferecer produtos ou serviços complementares aos clientes.

Fonte: Salesforce (2025)

Upwork

Plataforma global para contratação de freelancers.

Fonte: Upwork (2025)

Viés Algorítmico

Tendências ou preconceitos sistemáticos embutidos em sistemas de IA que perpetuam desigualdades.

Fonte: NIST (2025)

Apêndice de Recursos

APÊNDICE DE RECURSOS

Este apêndice reúne ferramentas, vídeos e comunidades mencionadas no livro. Cada recurso inclui link e QR Code para acesso rápido. Se o link não estiver acessível, siga a nota para busca alternativa.

Ferramentas Recomendadas

QR Code	Referência
	Grok (xAI) https://grok.com/ Nota: Busque por 'Grok xAI' no site grok.com
	ChatGPT (OpenAI) https://chat.openai.com/ Nota: Busque por 'ChatGPT OpenAI' no site openai.com

Gemini (Google DeepMind)
https://gemini.google.com/
Nota: Busque por 'Gemini Google DeepMind' no site google.com

Claude (Anthropic)
https://claude.ai/
Nota: Busque por 'Claude Anthropic' no site claude.ai

Hugging Face
https://huggingface.co/
Nota: Busque por 'Hugging Face Models' no site huggingface.co

Midjourney
https://www.midjourney.com/
Nota: Busque por 'Midjourney AI' no site midjourney.com

Runway Gen-3
https://runwayml.com/research/introducing-gen-3-alpha
Nota: Busque por 'Runway Gen-3 Alpha' no site runwayml.com

FutureMe
https://www.futureme.org/
Nota: Busque por 'FutureMe' no site futureme.org

Vídeos Suplementares

QR Code	Referência
	Vídeo 1: The Fearless Future (PwC) https://www.youtube.com/watch?v=RN-QGtteGY2I Nota: Busque por 'PwC Global AI Jobs Barometer Video' no YouTube
	Vídeo 2: 2025 Work Trend Index (Microsoft) https://www.microsoft.com/en-us/worklab/work-trend-index/video Nota: Busque por 'Microsoft Work Trend Index Video' no site microsoft.com
	Vídeo 3: State of Generative AI (Deloitte) https://www2.deloitte.com/us/en/insights/focus/generative-ai/video.html Nota: Busque por 'Deloitte State of Generative AI Video' no site deloitte.com

Comunidades e Recursos Adicionais

QR Code	Referência
	LinkedIn Learning https://www.linkedin.com/learning/topics/artificial-intelligence Nota: Busque por 'LinkedIn Learning AI Courses' no site linkedin.com

Reddit r/Generative
https://www.reddit.com/r/Generative/
Nota: Busque por 'Reddit r/Generative' no site reddit.com

UNESCO Ethical AI
https://www.unesco.org/en/artificial-intelligence/ethics
Nota: Busque por 'UNESCO Ethical AI' no site unesco.org

Gartner Hype Cycle
https://www.gartner.com/en/articles/whats-new-in-artificial-intelligence-from-the-2025-gartner-hype-cycle
Nota: Busque por 'Gartner Hype Cycle AI 2025' no site gartner.com

WEF AI Governance
https://www.weforum.org/projects/ai-governance-alliance/
Nota: Busque por 'WEF AI Governance Alliance' no site weforum.org

Sobre a autora

Nascida em 1969 em Bocaiúva, uma cidade tranquila no norte de Minas Gerais – no mesmo ano em que a humanidade deu seu "salto gigante" com o pouso na Lua pela Apollo 11 –, Maria Inês Lage Vieira carrega desde o berço uma afinidade com o cosmos e a inovação. Sob céus estrelados daquela região interiorana, ela guarda memórias vívidas da passagem do Cometa Halley em 1986, um espetáculo que iluminou noites e despertou sua curiosidade voraz por padrões celestes, estrelas e o infinito potencial do universo, inspirando uma vida dedicada à evolução em todas as formas.

Engenheira de formação, com estudos em direito e design de interiores que nutrem sua veia esteta, Maria Inês construiu uma trajetória marcada por determinação e excelência, alcançando primeiro lugar em concurso público nacional na área de engenharia. Ao longo de sua carreira, tem aplicado princípios éticos e rigor técnico a desafios complexos, equilibrando a precisão analítica com uma visão humanista do mundo. Casada com o engenheiro Eder Costa Chaves – parceiro que apoiou sua jornada criativa neste livro –, ela equilibra o prático com o poético: viagens que expandem horizontes, café aromático compartilhado com amigos leais, e paixões por animais, campos de lavanda e manjericão.

Mãe dedicada de Francisco, seu primeiro e único filho nascido quando ela tinha 42 anos, em um momento maduro e transformador, Maria Inês vê na maternidade o catalisador para imaginar o futuro com olhos de exploradora, enriquecida por descobertas compartilhadas, com seu filho, como "O Guia do Mochileiro das Galáxias" de Douglas Adams, apresentado por Francisco e seu amigo Téo Elias. Otimista incansável, preocupa-se com questões mundiais como aquecimento global, energia e fome, defendendo uma visão cosmopolita de liberdade, proatividade e construção de hábitos – inspirada por obras como "Abundância: O Futuro é Melhor do Que Você Imagina" de Peter Diamandis e Steven Kotler, e "Outliers" de Malcolm Gladwell, que a ensinaram sobre o poder da prática deliberada e das oportunidades transformadoras.

Apaixonada por ficção científica – de "Os Jetsons" de Hanna-Barbera a clássicos visionários como Isaac Asimov –, por fantasia como "Jeannie é um Gênio" e por filosofia presente em obras reflexivas como "A Elegância do Ouriço" de Muriel Barbery, transita com desenvoltura entre mundos imaginários leves e questões existenciais profundas. Livros de infância como "A Fada que Tinha Ideias" de Fernanda Lopes de Almeida moldaram sua crença de que imaginação e ação transformam realidades. Vê na IA generativa não uma ferramenta passageira, mas uma ponte atemporal para prosperidade.

Sob o pseudônimo Alex Serpa – um véu de mistério para sua audácia inovadora –, convida você a criar, inovar e prosperar em um mundo abundante.

Conecte-se com a autora:

- **Instagram:** @alexserpaoficial
- **LinkedIn:** linkedin.com/in/maria-inês-lage-vieira
- **E-mail:** alexserpa.autora@gmail.com

Descubra como uma esteta otimista, nascida sob as estrelas de Minas, pode ajudar você a redefinir o que é possível.

REFERÊNCIAS - CAPÍTULO 1- O QUE SIGNIFICA SER CRIATIVO NA ERA DAS MÁQUINAS INTELIGENTES

1. OCDE (2024). AI Principles.
https://oecd.ai/en/ai-principles
Nota: Se o link não estiver acessível, busque por 'OECD AI Principles 2024' no site oecd.ai.

2. NIST (2024). AI Standards.
https://www.nist.gov/artificial-intelligence
Nota: Se o link não estiver acessível, busque por 'NIST AI Standards 2024' no site nist.gov.

3. McKinsey (2024). Generative AI Report.
https://www.mckinsey.com/featured-insights/the-state-of-ai-in-2024-and-beyond
Nota: Se o link não estiver acessível, busque por 'McKinsey State of AI 2024' no site mckinsey.com.

4. Adobe (2024). Creative Trends.
https://business.adobe.com/resources/creative-trends-report.html
Nota: Se o link não estiver acessível, busque por 'Adobe Creative Trends 2025' no site business.adobe.com.

5. Pew Research Center (2025). AI Usage Survey.

https://www.pewresearch.org/science/2025/09/17/how-americans-view-ai-and-its-impact-on-people-and-society/

Nota: Se o link não estiver acessível, busque por 'Pew Research AI Usage Survey 2025' no site pewresearch.org.

---

6. Drug Discovery World (2024). AI in Medicine.

https://www.ddw-online.com/ai-in-drug-discovery-2024

Nota: Se o link não estiver acessível, busque por 'Drug Discovery World AI in Medicine 2024' no site ddw-online.com.

---

7. Índice Latam (2024). Education Tech.

https://www.atlantico.vc/latin-america-digital-transformation-report-2024

Nota: Se o link não estiver acessível, busque por 'Atlantico Latin America Digital Transformation Report 2024' no site atlantico.vc.

---

8. FAO (2024). AI in Agriculture.

https://www.fao.org/science-technology-and-innovation/science-innovation-forum-2024/programme-sif-2024/inclusive-ai-to-drive-agrifood-systems-transformation/en

Nota: Se o link não estiver acessível, busque por 'FAO AI in Agriculture 2024' no site fao.org.

---

9. MEC (2024). Plano Nacional de Educação Digital.

https://www.gov.br/mec/pt-br/pne/pne-2024-2034

Nota: Se o link não estiver acessível, busque por 'MEC Plano Nacional de Educação Digital 2024' no site gov.br.

10. UNESCO (2024). Ethical AI Guidelines.

https://www.unesco.org/en/artificial-intelligence/ethics

Nota: Se o link não estiver acessível, busque por 'UNESCO Ethical AI Guidelines 2024' no site unesco.org.

11. aPriori Case Study (2024). AI Design Reduction.

https://www.apriori.com/case-studies/ai-design-2024

Nota: Se o link não estiver acessível, busque por 'aPriori AI Design Reduction 2024' no site apriori.com.

REFERÊNCIAS - CAPÍTULO 2 - MECANISMOS PRINCIPAIS: OS MOTORES POR TRÁS DA IA GENERATIVA

1. WOMBO (2024). Dream AI.

https://dream.ai

Nota: Se o link não estiver acessível, busque por 'WOMBO Dream AI 2024' no site dream.ai.

---

2. INMA (2024). Generative AI Initiative.

https://www.inma.org/blogs/Generative-AI-initiative-newsletter/post.cfm/nikkei-stuff-are-monetising-generative-ai-content

Nota: Se o link não estiver acessível, busque por 'INMA Nikkei Generative AI 2024' no site inma.org.

---

3. OpenAI (2024). Nubank Case Study.

https://openai.com/index/nubank/

Nota: Se o link não estiver acessível, busque por 'OpenAI Nubank 2024' no site openai.com.

---

4. Seeking Alpha (2024). Magazine Luiza Earnings Transcript.

https://seekingalpha.com/article/4712806-magazine-luiza-s-a-mgluy-q2-2024-earnings-call-transcript

Nota: Se o link não estiver acessível, busque por 'Seeking Alpha Magazine Luiza Q2 2024' no site seekingalpha.com.

5. Shopify (2024). Magic AI Tools.

https://www.shopify.com/magic

Nota: Se o link não estiver acessível, busque por 'Shopify Magic 2024' no site shopify.com.

6. Tenovia (2024). Ecommerce AI Series.

https://tenovia.com/blog/category/ecommerce/ecommerce-ai-series/

Nota: Se o link não estiver acessível, busque por 'Tenovia Ecommerce AI Series 2024' no site tenovia.com.

7. AWS (2024). iFood Bedrock Case Study.

https://aws.amazon.com/solutions/case-studies/ifood-bedrock/

Nota: Se o link não estiver acessível, busque por 'AWS iFood Bedrock 2024' no site aws.amazon.com.

8. ANPD (2024). Assuntos de Proteção de Dados.

https://www.gov.br/anpd/pt-br/assuntos/

Nota: Se o link não estiver acessível, busque por 'ANPD Assuntos 2024' no site gov.br.

REFERÊNCIAS - CAPÍTULO 3 - CAMINHO HISTÓRICO ATÉ HOJE: A EVOLUÇÃO

1. FlashAttention-3 (2024). FlashAttention-3 Research Paper.

https://arxiv.org/abs/2407.08608

Nota: Se o link não estiver acessível, busque por 'FlashAttention-3 2024' no site arxiv.org.

2. NVIDIA Blackwell (2024). Blackwell Platform.

https://www.nvidia.com/en-us/data-center/blackwell/

Nota: Se o link não estiver acessível, busque por 'NVIDIA Blackwell 2024' no site nvidia.com.

3. AI Act da UE (2024). EU AI Act.

https://eur-lex.europa.eu/eli/reg/2024/1689/oj/eng

Nota: Se o link não estiver acessível, busque por 'EU AI Act 2024' no site eur-lex.europa.eu.

4. NIST GenAI Profile (2024). Generative AI Profile.

https://nvlpubs.nist.gov/nistpubs/ai/NIST.AI.600-1.pdf

Nota: Se o link não estiver acessível, busque por 'NIST AI 600-1 2024' no site nist.gov.

5. C2PA (2024). Content Authenticity Specifications.

https://c2pa.org/specifications/specifications/1.0/

Nota: Se o link não estiver acessível, busque por 'C2PA Specifications 2024' no site c2pa.org.

6. SynthID (2024). SynthID Technology.

https://deepmind.google/technologies/synthid/

Nota: Se o link não estiver acessível, busque por 'Google SynthID 2024' no site deepmind.google.

7. IndiaAI Mission (2024). IndiaAI Mission.

https://indiaai.gov.in/

Nota: Se o link não estiver acessível, busque por 'IndiaAI Mission 2024' no site indiaai.gov.in.

8. Nigéria NAIS (2024). National Artificial Intelligence Strategy.

https://nitda.gov.ng/national-artificial-intelligence-strategy/

Nota: Se o link não estiver acessível, busque por 'Nigeria NAIS 2024' no site nitda.gov.ng.

9. Singapura – Pair/AIBots (2024). Pair/AIBots Solutions.

https://www.govtech.gov.sg/solutions/pair-aibots/

Nota: Se o link não estiver acessível, busque por 'Singapore Pair AIBots 2024' no site govtech.gov.sg.

10. AIBots (GovTech) (2024). AIBots *Overview.*

https://www.developer.tech.gov.sg/products/categories/productivity-tools/aibots/*overview*

Nota: Se o link não estiver acessível, busque por 'Singapore AIBots GovTech 2024' no site developer.tech.gov.sg.

11. AIBots.gov.sg (2024). AIBots Platform.

https://aibots.gov.sg

Nota: Acesso restrito à rede governamental; busque por 'Singapore AIBots 2024' no site aibots.gov.sg.

12. Global Government Forum (2024). AI in Government.

https://www.globalgovernmentforum.com/ai-in-government-2024/

Nota: Se o link não estiver acessível, busque por 'Global Government Forum AI 2024' no site globalgovernmentforum.com.

13. McKinsey (2024). The State of AI.

https://www.mckinsey.com/capabilities/mckinsey-digital/our-insights/the-state-of-ai-in-2024-and-beyond

Nota: Se o link não estiver acessível, busque por 'McKinsey State of AI 2024' no site mckinsey.com.

14. IBM Research (2024). Research Annual Letter.

https://research.ibm.com/blog/research-annual-letter-2024

Nota: Se o link não estiver acessível, busque por 'IBM Research Annual Letter 2024' no site research.ibm.com.

15. UN Press (2024). Governing AI for Humanity.

https://www.un.org/sites/un2.un.org/files/governing_ai_for_humanity_press_release.pdf

Nota: Se o link não estiver acessível, busque por 'UN Governing AI for Humanity 2024' no site un.org.

16. ISO/IEC 42001 (2023). AI Management System.
https://www.iso.org/standard/81230.html
Nota: Se o link não estiver acessível, busque por 'ISO/IEC 42001 2023' no site iso.org.

17. IEEE (2024). Autonomous Systems.
https://standards.ieee.org/industry-connections/ec/autonomous-systems/
Nota: Se o link não estiver acessível, busque por 'IEEE Autonomous Systems 2024' no site standards.ieee.org.

18. EU AI Act Explorer (2024). EU AI Act Explorer.
https://artificialintelligenceact.eu/
Nota: Se o link não estiver acessível, busque por 'EU AI Act Explorer 2024' no site artificialintelligenceact.eu.

REFERÊNCIAS - CAPÍTULO 4 - APLICAÇÕES CRÍTICAS: LIBERTANDO A IMAGINAÇÃO

1. GPT-4o (OpenAI, 2024). GPT-4o *Overview*.

https://openai.com/index/hello-gpt-4o/

Nota: Se o link não estiver acessível, busque por 'OpenAI GPT-4o 2024' no site openai.com.

2. Gemini 1.5 (Google DeepMind, 2024). Gemini Pro.

https://deepmind.google/models/gemini/pro/

Nota: Se o link não estiver acessível, busque por 'Google DeepMind Gemini Pro 2024' no site deepmind.google.

3. Claude 3.5 Sonnet (Anthropic, 2024). Claude 3.5 Sonnet Release.

https://www.anthropic.com/news/claude-3-5-sonnet

Nota: Se o link não estiver acessível, busque por 'Anthropic Claude 3.5 Sonnet 2024' no site anthropic.com.

4. Gartner (2024). *Hype Cycle* for Emerging Technologies.

https://www.gartner.com/en/newsroom/press-releases/2024-08-21-gartner-2024-hype-cycle-for-emerging-technologies-highlights-developer-productivity-total-experience-ai-and-security

Nota: Se o link não estiver acessível, busque por 'Gartner Hype Cycle Emerging Technologies 2024' no site gartner.com.

5. Upwork (2024). *Skills* in Demand.

https://www.upwork.com/resources/in-demand-jobs-and-skills

Nota: Se o link não estiver acessível, busque por 'Upwork Skills in Demand 2024' no site upwork.com.

6. Forrester (2024). The State of Generative AI.

https://www.forrester.com/report/the-state-of-generative-ai-2024/RES180458

Nota: Se o link não estiver acessível, busque por 'Forrester State of Generative AI 2024' no site forrester.com.

7. RIAA (2024). Ações contra Geradores de Música por IA.

https://www.riaa.com/record-companies-bring-landmark-cases-for-responsible-ai-against-suno-and-udio-in-boston-and-new-york-federal-courts-respectively/

Nota: Se o link não estiver acessível, busque por 'RIAA Responsible AI Suno Udio 2024' no site riaa.com.

8. YouTube (2024). Novas Ferramentas de IA.

https://blog.youtube/inside-youtube/2024-in-youtube-ai/

Nota: Se o link não estiver acessível, busque por 'YouTube AI Tools 2024' no site blog.youtube.

9. Runway Gen-3 (2024). Gen-3 Alpha.

https://runwayml.com/research/introducing-gen-3-alpha

Nota: Se o link não estiver acessível, busque por 'Runway Gen-3 Alpha 2024' no site runwayml.com.

10. Sora (OpenAI, 2024). Sora *Overview.*
https://openai.com/sora/
Nota: Se o link não estiver acessível, busque por 'OpenAI Sora 2024' no site openai.com.

11. Veo (Google, 2024). Veo Model.
https://deepmind.google/models/veo/
Nota: Se o link não estiver acessível, busque por 'Google Veo 2024' no site deepmind.google.

12. Synthesia (2024). Synthesia Platform.
https://www.synthesia.io/
Nota: Se o link não estiver acessível, busque por 'Synthesia 2024' no site synthesia.io.

13. Partnership on AI (2024). Partnership on AI.
https://partnershiponai.org/
Nota: Se o link não estiver acessível, busque por 'Partnership on AI 2024' no site partnershiponai.org.

14. AWS × Synthesia (2024). Synthesia Case Study.
https://aws.amazon.com/solutions/case-studies/synthesia-case-study/
Nota: Se o link não estiver acessível, busque por 'AWS Synthesia Case Study 2024' no site aws.amazon.com.

15. Adobe Stock (2024). Diretrizes de IA.

https://helpx.adobe.com/stock/contributor/help/generative-ai-content.html

Nota: Se o link não estiver acessível, busque por 'Adobe Stock Generative AI Content 2024' no site helpx.adobe.com.

16. Shutterstock (2024). Política de IA.

https://submit.shutterstock.com/help/en/articles/10594622-content-policy-updates-ai-generated-content

Nota: Se o link não estiver acessível, busque por 'Shutterstock AI Policy 2024' no site submit.shutterstock.com.

17. C2PA (2024). C2PA Organization.

https://c2pa.org/

Nota: Se o link não estiver acessível, busque por 'C2PA 2024' no site c2pa.org.

REFERÊNCIAS - CAPÍTULO 5 - PRODUTIVIDADE E PROGRAMAÇÃO: OTIMIZANDO FLUXOS DE TRABALHO

1. Banco Mundial (2025). Data, AI, and Emerging Technologies.

https://www.worldbank.org/en/topic/digital/brief/emerging-technologies

Nota: Se o link não estiver acessível, busque por 'World Bank Emerging Technologies 2025' no site worldbank.org.

2. Quarterly Journal of Economics (2025). Generative AI at Work.

https://academic.oup.com/qje/article/140/2/889/7990658

Nota: Se o link não estiver acessível, busque por 'QJE Generative AI at Work 2025' no site academic.oup.com.

3. Stack Overflow (2025). Developer Survey.

https://survey.stackoverflow.co/2025/

Nota: Se o link não estiver acessível, busque por 'Stack Overflow Developer Survey 2025' no site survey.stackoverflow.co.

4. Forrester (2025). Predictions 2025: GenAI, Citizen Developers, And Caution Influence Automation.

https://www.forrester.com/blogs/predictions-2025-automation/

Nota: Se o link não estiver acessível, busque por 'Forrester Predictions 2025 Automation' no site forrester.com.

5. Gartner (2025). Artificial Intelligence Insights.

https://www.gartner.com/en/information-technology/insights/artificial-intelligence

Nota: Se o link não estiver acessível, busque por 'Gartner Artificial Intelligence Insights 2025' no site gartner.com.

6. MIT CSAIL (2025). Agentic AI: What You Need to Know About AI Agents.

https://cap.csail.mit.edu/agentic-ai-what-you-need-know-about-ai-agents

Nota: Se o link não estiver acessível, busque por 'MIT CSAIL Agentic AI 2025' no site cap.csail.mit.edu.

7. NIST (2025). Generative AI Profile (NIST AI 600-1).

https://nvlpubs.nist.gov/nistpubs/ai/NIST.AI.600-1.pdf

Nota: Se o link não estiver acessível, busque por 'NIST AI 600-1 Generative AI Profile 2025' no site nvlpubs.nist.gov.

REFERÊNCIAS - CAPÍTULO 6 - EDUCAÇÃO E SAÚDE: EMPODERANDO O APRENDIZADO E O CUIDADO COM A SAÚDE

1. OECD (2023). Digital Education Outlook.

https://www.oecd.org/en/publications/oecd-digital-education-outlook-2023_c74f03de-en.html

Nota: Se o link não estiver acessível, busque por 'OECD Digital Education Outlook 2023' no site oecd.org.

---

2. Stanford GSB (2019). Squirrel AI: Learning by Scaling.

https://www.gsb.stanford.edu/faculty-research/case-studies/squirrel-ai-learning-scaling

Nota: Se o link não estiver acessível, busque por 'Stanford GSB Squirrel AI Learning by Scaling case 2019' no site gsb.stanford.edu.

---

3. SellCoursesOnline (2024). Monetization Tips.

https://sellcoursesonline.com/market-online-courses

Nota: Se o link não estiver acessível, busque por 'SellCoursesOnline Monetization Tips 2024' no site sellcoursesonline.com.

---

4. Udemy IR (2024). Revenue Report — Form 10-K FY2024.

https://investors.udemy.com/static-files/a8e017e8-b30b-419a-aad4-dc2af8e7c5f7

Nota: Se o link não estiver acessível, busque por 'Udemy IR Revenue Report Form 10-K FY2024' no site investors.udemy.com.

---

5. WHO (2023). AI in Health — Regulatory Considerations on AI for Health.

https://www.who.int/publications/i/item/9789240078871

Nota: Se o link não estiver acessível, busque por 'WHO AI in Health Regulatory considerations 2023' no site who.int.

6. WHO (2024). LMMs in Health — Ethics & Governance for LMMs.

https://www.who.int/publications/i/item/9789240084759

Nota: Se o link não estiver acessível, busque por 'WHO LMMs in Health Ethics governance 2024' no site who.int.

7. The Lancet Regional Health – Southeast Asia (2024). AI Initiatives.

https://www.thelancet.com/journals/lansea/home

Nota: Se o link não estiver acessível, busque por 'The Lancet Regional Health Southeast Asia AI Initiatives 2024' no site thelancet.com.

8. Crunchbase (2024). Health AI/Health Care Startups (Hub).

https://www.crunchbase.com/hub/health-care-startups

Nota: Se o link não estiver acessível, busque por 'Crunchbase Health AI Health Care Startups Hub 2024' no site crunchbase.com.

9. ANPD (2024). AI Guidelines — Por que Inteligência Artificial? (Sandbox).

https://www.gov.br/anpd/pt-br/assuntos/projetos-acoes-iniciativas/sandbox/por-que-inteligencia-artificial

Nota: Se o link não estiver acessível, busque por 'ANPD AI Guidelines Por que Inteligência Artificial sandbox 2024' no site gov.br.

10. UNICEF (2023/2024). AI / Digital in South Asia — Relatório Regional.

https://www.unicef.org/rosa/media/29826/file/Digital%20solutions%20for%20empowering%20adolescent%20girls%20in%20south%20asia_.pdf.pdf

Nota: Se o link não estiver acessível, busque por 'UNICEF AI Digital in South Asia report 2023 2024' no site unicef.org.

11. Science (2023). Noy & Zhang Study — Produtividade com ChatGPT.

https://www.science.org/doi/10.1126/science.adh2586

Nota: Se o link não estiver acessível, busque por 'Science Noy Zhang Study productivity with ChatGPT 2023' no site science.org.

12. QJE (2025). Brynjolfsson, Li & Raymond — Generative AI at Work.

https://academic.oup.com/qje/article/140/2/889/7990658

Nota: Se o link não estiver acessível, busque por 'QJE Brynjolfsson Li Raymond Generative AI at Work 2025' no site academic.oup.com.

13. PNAS (2018). Bratsberg & Rogeberg — Reversão do Efeito Flynn.

https://www.pnas.org/doi/10.1073/pnas.1718793115

Nota: Se o link não estiver acessível, busque por 'PNAS Bratsberg Rogeberg reversão do efeito Flynn 2018' no site pnas.org.

14. Intelligence (2023). Dworak et al. — SAPA/Reverse Flynn Effect.

https://www.sciencedirect.com/science/article/pii/S0160289623000156

Nota: Se o link não estiver acessível, busque por 'Intelligence Dworak et al SAPA Reverse Flynn Effect 2023' no site sciencedirect.com.

15. OECD (2022). PISA 2022 Results (Volume I).

https://www.oecd.org/en/publications/pisa-2022-results-volume-i_53f23881-en.html

Nota: Se o link não estiver acessível, busque por 'OECD PISA 2022 Results Volume I' no site oecd.org.

16. NAEP (2022). Education Report — The Nation's Report Card.

https://www.nationsreportcard.gov/

Nota: Se o link não estiver acessível, busque por 'NAEP Education Report Nation's Report Card 2022' no site nationsreportcard.gov.

17. Nature/Harvard (2024). Harvard RCT — AI Tutor > Active Learning (Preprint).

https://www.nature.com/articles/s41598-025-97652-6

Nota: Se o link não estiver acessível, busque por 'Nature Harvard Harvard RCT AI tutor active learning preprint 2024' no site nature.com.

18. MIT Media Lab (2024). Cognitive Study — Memoro (CHI 2024).

https://www.media.mit.edu/publications/memoro-using-large-language-models-to-realize-a-concise-interface-for-real-time-memory-augmentation/

Nota: Se o link não estiver acessível, busque por 'MIT Media Lab Cognitive Study Memoro CHI 2024' no site media.mit.edu.

19. PwC (2025). AI Jobs Barometer.

https://www.pwc.com/gx/en/issues/artificial-intelligence/ai-jobs-barometer.html

Nota: Se o link não estiver acessível, busque por 'PwC AI Jobs Barometer 2025' no site pwc.com.

REFERÊNCIAS - CAPÍTULO 7 - NEGÓCIOS E DIREITO: ESTRATÉGIAS DE OPERAÇÕES E CONFORMIDADE

1. McKinsey (2023). The Economic Potential of Generative AI.

https://www.mckinsey.com/capabilities/mckinsey-digital/our-insights/the-economic-potential-of-generative-ai-the-next-productivity-frontier

Nota: Se o link não estiver acessível, busque por 'McKinsey economic potential of generative AI 2023' no site mckinsey.com.

2. Stanford HAI (2024). AI Index 2024.

https://aiindex.stanford.edu/report/

Nota: Se o link não estiver acessível, busque por 'Stanford HAI AI Index 2024' no site aiindex.stanford.edu.

3. Regulamento (UE) 2024/1689 (AI Act). EU AI Act.

https://eur-lex.europa.eu/eli/reg/2024/1689/oj/eng

Nota: Se o link não estiver acessível, busque por 'Regulamento UE 2024/1689 AI Act' no site eur-lex.europa.eu.

4. NIST AI RMF (2023-2024). AI Risk Management *Framework*.

https://www.nist.gov/itl/ai-risk-management-framework

Nota: Se o link não estiver acessível, busque por 'NIST AI RMF 2023-2024' no site nist.gov.

5. EBIA (MCTI, 2021). Estratégia Brasileira para Inteligência Artificial.

https://www.gov.br/mcti/pt-br/acesso-a-informacao/acoes-e-programas/estrategia-brasileira-para-inteligencia-artificial

Nota: Se o link não estiver acessível, busque por 'EBIA MCTI 2021' no site gov.br.

6. LGPD (Lei nº 13.709/2018). Lei Geral de Proteção de Dados Pessoais.

https://www.planalto.gov.br/ccivil_03/_ato2015-2018/2018/lei/l13709.htm

Nota: Se o link não estiver acessível, busque por 'LGPD Lei nº 13.709/2018' no site planalto.gov.br.

7. ANPD Resolução nº 4/2023. Resolução CD/ANPD nº 4/2023.

https://www.gov.br/anpd/pt-br/assuntos/legislacao/resolucao-cd-anpd-n-4-de-24-de-maio-de-2023

Nota: Se o link não estiver acessível, busque por 'ANPD Resolução nº 4/2023' no site gov.br.

8. STF Projeto Victor. Projeto Victor STF.

https://portal.stf.jus.br/noticias/verNoticiaDetalhe.asp?idConteudo=471331&ori=1

Nota: Se o link não estiver acessível, busque por 'STF Projeto Victor' no site portal.stf.jus.br.

9. CNJ Sinapses. Plataforma Sinapses CNJ.

https://www.cnj.jus.br/sistemas/plataforma-sinapses/

Nota: Se o link não estiver acessível, busque por 'CNJ Sinapses' no site cnj.jus.br.

10. Jusbrasil (2024). IA na Justiça.

https://www.jusbrasil.com.br/blog/ia-na-justica-brasileira-2024/

Nota: Se o link não estiver acessível, busque por 'Jusbrasil IA na Justiça Brasileira 2024' no site jusbrasil.com.br.

11. Harvard Business Review (2023). AI in Legal Practice: Case Studies.

https://hbr.org/2023/05/ai-in-legal-practice-case-studies

Nota: Se o link não estiver acessível, busque por 'Harvard Business Review AI in Legal Practice Case Studies 2023' no site hbr.org.

12. LegalTech (2023). Revenue Data.

https://www.legaltech.com/reports/revenue-2023

Nota: Se o link não estiver acessível, busque por 'LegalTech Revenue Data 2023' no site legaltech.com.

REFERÊNCIAS - CAPÍTULO 8 - SETOR PÚBLICO E TENDÊNCIAS EMERGENTES: MOLDANDO A SOCIEDADE E O FUTURO

1. ONU (2023-2025). Climate Reports (Urban Emissions e Sustentabilidade).

https://www.un.org/en/climatechange/reports

Nota: Se o link não estiver acessível, busque por 'ONU Climate Reports Urban Emissions Sustainability 2023-2025' no site un.org.

2. Brynjolfsson et al. (2025). Generative AI at Work (QJE/NBER).

https://academic.oup.com/qje/article/140/2/889/7990658

Nota: Se o link não estiver acessível, busque por 'Brynjolfsson et al Generative AI at Work QJE NBER 2025' no site academic.oup.com.

3. MIT CSAIL (2023-2025). Multi-Agent AI Systems.

https://www.csail.mit.edu/research/multi-agent-systems

Nota: Se o link não estiver acessível, busque por 'MIT CSAIL Multi-Agent AI Systems 2023-2025' no site csail.mit.edu.

4. Plano Nacional de Adaptação (Brasil, 2024). Plano Nacional de Adaptação.

https://www.gov.br/mma/pt-br/assuntos/adaptacao

Nota: Se o link não estiver acessível, busque por 'Plano Nacional de Adaptação Brasil 2024' no site gov.br.

5. La Città di Leo (Fundação Torino, 2023-2025). Projeto La Città di Leo.

https://fundacaotorino.com.br/projeto-a-citta-di-leo/

Nota: Se o link não estiver acessível, busque por 'La Città di Leo Fundação Torino 2023-2025' no site fundacaotorino.com.br.

6. WMO (2024). State of Global Climate 2024.

https://wmo.int/publication-series/state-of-global-climate-2024

Nota: Se o link não estiver acessível, busque por 'WMO State of Global Climate 2024' no site wmo.int.

7. UNEP (2024). Emissions Gap Report 2024.

https://www.unep.org/resources/emissions-gap-report-2024

Nota: Se o link não estiver acessível, busque por 'UNEP Emissions Gap Report 2024' no site unep.org.

REFERÊNCIAS - CAPÍTULO 9 - ESTRATÉGIAS DE MONETIZAÇÃO: TRANSFORMANDO EM RENDA SUSTENTÁVEL

1. IDC (2025). Worldwide AI Spending Guide.

https://www.idc.com/getdoc.jsp?containerId=IDC_P33198

Nota: Se o link não estiver acessível, busque por 'IDC Worldwide AI Spending Guide 2025' no site idc.com.

2. Sensor Tower (2025). State of AI Apps Report.

https://sensortower.com/blog/state-of-ai-apps-report-2025

Nota: Se o link não estiver acessível, busque por 'Sensor Tower State of AI Apps Report 2025' no site sensortower.com.

3. e-Conomy SEA (2024). Digital Economy Report.

https://economysea.withgoogle.com/

Nota: Se o link não estiver acessível, busque por 'e-Conomy SEA Digital Economy Report 2024' no site economysea.withgoogle.com.

4. EU AI Act (2025). EU AI Act.

https://artificialintelligenceact.eu/

Nota: Se o link não estiver acessível, busque por 'EU AI Act 2025' no site artificialintelligenceact.eu.

5. Udemy (2025). Revenue Stats.

https://investors.udemy.com

Nota: Se o link não estiver acessível, busque por 'Udemy Revenue Stats 2025' no site investors.udemy.com.

6. ILO & IRENA (2024). Renewable Energy and Jobs – Annual Review.

https://www.irena.org/Publications/2024/Oct/Renewable-Energy-and-Jobs-Annual-Review-2024

Nota: Se o link não estiver acessível, busque por 'ILO IRENA Renewable Energy and Jobs Annual Review 2024' no site irena.org.

REFERÊNCIAS - CAPÍTULO 10 - ESTRATÉGIAS DE CARREIRA: DIFERENCIANDO E AVANÇANDO

1. Microsoft (2024). Work Trend Index.

https://www.microsoft.com/en-us/worklab/work-trend-index/ai-at-work-is-here-now-comes-the-hard-part

Nota: Se o link não estiver acessível, busque por 'Microsoft Work Trend Index 2024' no site microsoft.com.

2. PwC (2024). Global AI Jobs Barometer.

https://www.pwc.com/gx/en/issues/artificial-intelligence/ai-jobs-barometer.html

Nota: Se o link não estiver acessível, busque por 'PwC Global AI Jobs Barometer 2024' no site pwc.com.

3. Salesforce (2024). State of AI Report.

https://www.salesforce.com/resources/research-reports/state-of-ai/

Nota: Se o link não estiver acessível, busque por 'Salesforce State of AI Report 2024' no site salesforce.com.

4. World Economic Forum (2024). AI Governance.

https://www.weforum.org/communities/gfc-on-ai-for-industry-and-society/

Nota: Se o link não estiver acessível, busque por 'World Economic Forum AI Governance 2024' no site weforum.org.

5. Deloitte (2024). State of Generative AI.

https://www.deloitte.com/us/en/what-we-do/capabilities/applied-artificial-intelligence/content/state-of-generative-ai-in-enterprise.html

Nota: Se o link não estiver acessível, busque por 'Deloitte State of Generative AI 2024' no site deloitte.com.

6. UNESCO (2024). Digital Skills.

https://www.unesco.org/en/digital-competencies-skills

Nota: Se o link não estiver acessível, busque por 'UNESCO Digital Skills 2024' no site unesco.org.

7. LinkedIn Learning (2024). AI Courses.

https://www.linkedin.com/learning/topics/artificial-intelligence

Nota: Se o link não estiver acessível, busque por 'LinkedIn Learning AI Courses 2024' no site linkedin.com.

8. MIT (2023). Experimental Evidence on the Productivity Effects of Generative Artificial Intelligence.

https://www.science.org/doi/10.1126/science.adh2586

Nota: Se o link não estiver acessível, busque por 'MIT Experimental Evidence Productivity Effects Generative AI 2023' no site science.org.

9. QJE (2025). Generative AI at Work.

https://academic.oup.com/qje/article/140/2/889/7990658

Nota: Se o link não estiver acessível, busque por 'QJE Generative AI at Work 2025' no site academic.oup.com.

10. Coursera (2024). Ethics of AI (University of Helsinki).

https://www.coursera.org/learn/ethics-of-artificial-intelligence

Nota: Se o link não estiver acessível, busque por 'Coursera Ethics of AI University of Helsinki' no site coursera.org.

REFERÊNCIAS - CAPÍTULO 11 - TENDÊNCIAS FUTURAS E PREVISÕES: VISLUMBRANDO O HORIZONTE

1. Gartner (2024). *Hype Cycle* for GenAI.

https://www.gartner.com/en/articles/what-s-new-in-artificial-intelligence-from-the-2024-gartner-hype-cycle

Nota: Se o link não estiver acessível, busque por 'Gartner Hype Cycle for GenAI 2024' no site gartner.com.

2. OpenAI (2024). GPT-4o.

https://openai.com/index/hello-gpt-4o/

Nota: Se o link não estiver acessível, busque por 'OpenAI GPT-4o 2024' no site openai.com.

3. Google DeepMind (2024). Gemini 1.5 Pro.

https://deepmind.google/technologies/gemini/models/gemini-pro/

Nota: Se o link não estiver acessível, busque por 'Google DeepMind Gemini 1.5 Pro 2024' no site deepmind.google.

4. Anthropic (2024). Claude 3.5 Sonnet.

https://www.anthropic.com/news/claude-3-5-sonnet

Nota: Se o link não estiver acessível, busque por 'Anthropic Claude 3.5 Sonnet 2024' no site anthropic.com.

5. MIT SMR/BCG (2024). Global AI Study.

https://sloanreview.mit.edu/article/the-ai-divide-how-companies-are-bridging-the-gap/

Nota: Se o link não estiver acessível, busque por 'MIT SMR BCG Global AI Study 2024' no site sloanreview.mit.edu.

6. WEF (2025). Future of Jobs Report.

https://www.weforum.org/publications/the-future-of-jobs-report-2025/

Nota: Se o link não estiver acessível, busque por 'WEF Future of Jobs Report 2025' no site weforum.org.

7. IBM Research (2024). Quantum-Centric Supercomputing.

https://research.ibm.com/blog/research-annual-letter-2024

Nota: Se o link não estiver acessível, busque por 'IBM Research Quantum-Centric Supercomputing 2024' no site ibm.com.

8. UN Press (2024). UNGA Resolution on AI.

https://www.un.org/sites/un2.un.org/files/governing_ai_for_humanity_press_release.pdf

Nota: Se o link não estiver acessível, busque por 'UN Press UNGA Resolution on AI 2024' no site un.org.

9. NIST (2024). GenAI Profile.

https://nvlpubs.nist.gov/nistpubs/ai/NIST.AI.600-1.pdf

Nota: Se o link não estiver acessível, busque por 'NIST GenAI Profile 2024' no site nist.gov.

10. ISO (2023). ISO/IEC 42001.
https://www.iso.org/standard/81230.html
Nota: Se o link não estiver acessível, busque por 'ISO IEC 42001 2023' no site iso.org.

11. IEEE (2024). Ethically Aligned Design.
https://standards.ieee.org/industry-connections/ec/autonomous-systems/
Nota: Se o link não estiver acessível, busque por 'IEEE Ethically Aligned Design 2024' no site ieee.org.

12. European Commission (2024). AI Act Timeline.
https://artificialintelligenceact.eu/
Nota: Se o link não estiver acessível, busque por 'European Commission AI Act Timeline 2024' no site artificialintelligenceact.eu.

13. WEF (2024). AI Governance Alliance.
https://www.weforum.org/projects/ai-governance-alliance/
Nota: Se o link não estiver acessível, busque por 'WEF AI Governance Alliance 2024' no site weforum.org.

14. FutureMe (2024). Write to Your Future Self.
https://www.futureme.org/
Nota: Se o link não estiver acessível, busque por 'FutureMe Write to Your Future Self 2024' no site futureme.org.

15. OECD OPSI (2024). AuroraAI Case.

https://oecd-opsi.org/innovations/auroraai/

Nota: Se o link não estiver acessível, busque por 'OECD OPSI AuroraAI Case 2024' no site oecd-opsi.org.

16. Nubank (2024). AI for Personalization.

https://international.nubank.com.br/company/nubank-acquires-hyperplane-to-accelerate-ai-first-strategy/

Nota: Se o link não estiver acessível, busque por 'Nubank AI for Personalization 2024' no site nubank.com.br.

REFERÊNCIAS - CAPÍTULO 12 - ÉTICA, RISCOS E ROTEIRO ACIONÁVEL: NAVEGANDO PELO USO RESPONSÁVEL

1. AI Act da UE (2025). EU AI Act.

https://eur-lex.europa.eu/eli/reg/2024/1689/oj/eng

Nota: Se o link não estiver acessível, busque por 'AI Act da UE 2025' no site eur-lex.europa.eu.

---

2. UN (2025). Governing AI for Humanity.

https://www.un.org/sites/un2.un.org/files/governing_ai_for_humanity_final_report_en.pdf

Nota: Se o link não estiver acessível, busque por 'UN Governing AI for Humanity 2025' no site un.org.

---

3. AI Index Stanford (2025). AI Index Report 2025.

https://aiindex.stanford.edu/ai-index-report-2025

Nota: Se o link não estiver acessível, busque por 'AI Index Stanford 2025' no site aiindex.stanford.edu.

---

4. TSE Resolução (2025). Resolução TSE nº 23.732/2024.

https://www.tse.jus.br/legislacao/compilada/res/2025/resolucao-no-23-732-de-27-de-fevereiro-de-2024

Nota: Se o link não estiver acessível, busque por 'TSE Resolução 2025' no site tse.jus.br.

---

5. OECD (2025). AI Incidents Report.

https://oecd.ai/en/incidents

Nota: Se o link não estiver acessível, busque por 'OECD AI Incidents Report 2025' no site oecd.ai.

6. OECD (2025). AI and Employment.

https://www.oecd.org/en/publications/oecd-employment-outlook-2025_194a947b-en.html

Nota: Se o link não estiver acessível, busque por 'OECD AI and Employment 2025' no site oecd.org.

7. IBM AI Fairness 360 (2025). AI Fairness 360.

https://aif360.res.ibm.com

Nota: Se o link não estiver acessível, busque por 'IBM AI Fairness 360 2025' no site ibm.com.

8. OWASP Top 10 for LLMs (2025). OWASP Top 10 for LLM Applications.

https://genai.owasp.org/llm-top-10/

Nota: Se o link não estiver acessível, busque por 'OWASP Top 10 for LLMs 2025' no site owasp.org.

9. CISA/NSA (2025). Supply Chain Guidelines.

https://www.cisa.gov/news-events/news/cisa-nsa-and-19-international-partners-release-shared-vision-software-bill-materials-cybersecurity

Nota: Se o link não estiver acessível, busque por 'CISA NSA Supply Chain Guidelines 2025' no site cisa.gov.

10. UNESCO (2025). Ethical AI Recommendations.

https://www.unesco.org/en/articles/recommendation-ethics-artificial-intelligence

Nota: Se o link não estiver acessível, busque por 'UNESCO Ethical AI Recommendations 2025' no site unesco.org.

11. ANPD (2025). Radar Tecnológico IA.

https://www.gov.br/anpd/pt-br/documentos-e-publicacoes/documentos-de-publicacoes/radar_tecnologico_ia_generativa_anpd.pdf

Nota: Se o link não estiver acessível, busque por 'ANPD Radar Tecnológico IA 2025' no site gov.br.

12. Amnesty International (2025). AI for Human Rights.

https://www.amnesty.org/en/documents/pol10/8515/2025/en/

Nota: Se o link não estiver acessível, busque por 'Amnesty International AI for Human Rights 2025' no site amnesty.org.

13. Gartner (2025). Ethical AI Growth.

https://www.gartner.com/en/documents/6183555

Nota: Se o link não estiver acessível, busque por 'Gartner Ethical AI Growth 2025' no site gartner.com.

www.ingramcontent.com/pod-product-compliance
Lightning Source LLC
LaVergne TN
LVHW021145071026
849580LV00007BC/1170